障害児をはぐくむ魔法の言葉

ユー・アー・エンゼル！

一般社団法人ユー・アー・エンゼル理事長
諏訪裕子

ユー・アー・エンゼル！展に展示された子どもたちの作品

「招き猫」小川育子／作

「花」小川育子／作

作品展の様子（2013年6月）

「毛糸とダンボールを使って」小川育子 / 作

作品展の様子（2013年6月）

上：「トモダチマンダラ」　下：「メリーゴーランド」清水美咲子 / 作

「メカ怪獣」中野秀昭 / 作

「紙で作ったバス」 合田和貴 / 作

「きれいなさかな」 増澤太陽 / 作

まえがき

この本を手に取ってくださったみなさんは、ハンディのある子を育てているお母さん、あるいはお父さんでしょうか。

学校や施設《しせつ》の職員の方でしょうか。それとも、学生さんでしょうか。お友だちを励《はげ》ますために「障害児のことを知っておこう」と思われた方でしょうか。

私は、障害児を育てた一人の母親です。わが子が社会人となった今、縁《えん》あって障害児支援《しえん》の活動をしています。

この本では、私自身の決して立派とは言えない子育ての話と、私以外のお母さんたちの感動的な体験談を紹介《しょうかい》しています。

また、子どもたちの話もたくさん紹介しています。あるきっかけで大きく成長した子どもの話もあれば、体のどこも自由に動かず、話すこともできず、17年の歳月《さいげつ》を重度の障害児として過ごした男の子の話もあります。

さまざまな障害名があり、さまざまな人生があります。よくないことも、よいこともいろいろ起こってしまう毎日です。そうした出来事を「幸福の種《たね》」に変えていった素敵なお母さんたち、子どもたちが、私のまわりにはたくさんいます。

この本には、彼《かれ》らからの大切な「贈《おく》り物《もの》」が詰《つ》まっています。

本書で紹介している体験談をお読みいただければ、きっと心が晴れやかになり、子育てに、お仕事に、学業に、そして人生に前向きになっていただけると信じています。

「ユー・アー・エンゼル！」（あなたは天使！）という魔法《まほう》の言葉が、みなさんに幸福を届けてくれるよう心から願っています。

２０１５年６月18日

一般《いっぱん》社団法人ユー・アー・エンゼル理事長　諏訪裕子《すわひろこ》

障害児をはぐくむ魔《ま》法《ほう》の言葉

ユー・アー・エンゼル！

Contents

第4章

天才性《ギフト》を見逃すな

序章

「ユー・アー・エンゼル」とは

障害児の不安や悩《なや》みに取り組み、ご両親を励《はげ》まし、勇気づける活動

「ユー・アー・エンゼル」（あなたは天使）は、幸福の科学の教育事業のなかから生まれた、障害児支援《しえん》の団体です。

もともとは、障害児の不安や悩《なや》みに取り組み、ご両親を励《はげ》まし、勇気づけるボランティア活動「ユー・アー・エンゼル！」運動（※）として２０１２年にスタートしたもので、２０１５年、法人格を取得して「一般《いっぱん》社団法人ユー・アー・エンゼル」となりました。集いの開催《かいさい》、悩み相談、支援者づくり、さまざまなイベント等を通して、障害児とその親御《おやご》さんに、人生に希望を持っていただけるよう、お手伝いをしています。

まえがきで触《ふ》れましたが、私自身も障害児を育てた経験を持つ母親の一人です。

知的障害を持つ長男・光輝《こうき》はすでに成人し、スーパーマーケットの青果《せいか》部門で

※本書のなかで、団体名として述べる場合は、！マークのない「ユー・アー・エンゼル」で表記しています。ほかに、障害児へのメッセージとして述べる場合などは、もともとの名称に沿って、「ユー・アー・エンゼル！」と表記しています。

働く社会人となりました。わが子ながら、とてもまじめで、手を抜《ぬ》くことをしない誠実さがあります。身だしなみもきちんとしていて、なかなかのジェントルマンです。

小さい頃《ころ》の長男は、一見、健常児と変わらないのに、お友だちとのトラブルが多く、幼稚園《ようちえん》や学校の先生の指示が聞けない子どもでした。気に入らないことがあると、かんしゃくを起こして暴れ、口げんかでやり込《こ》められると、ツバをかけたり、かみついたりするのです。

そのたびに、私は頭を下《さ》げに走りました。「あなた、ちゃんとしつけをしているの？」と言われることも多く、私は子育てに対する自信をどんどんなくしていきました。

就学前から小学生の間に、何度も発達検査を受けました。主人の仕事柄《がら》、引っ越《こ》しが多かったため、そのたびに相談機関・医療《いりょう》機関を探して、ゼロから発達検査を受け直すのですが、あるところでは、言語性学習障害という診断《しんだん》が出たものの、別のところでは、違《ちが》う見解が示されたり、結局、何が問題なのか、どうすればわが子がよい方向にいくのかがわかりませんでした。

いくつか病院をまわりましたが、診断がはっきりしなかったため、そこからどうしたらよいかは、自分で考えなくてはなりません。

市が運営している発達支援センターやことばの教室などにも行きましたが、「子どもが遊んでいる様子を観察して、親と少し面談して終わり」というパターンが、月に1〜2度のペースで緩慢《かんまん》に続くだけです。「行かないよりマシかな」と思い、通ってはいたものの、効果があったかどうかはよくわかりませんでした。

知り合いの子どもたちのなかにも、多動であったり、相手の目を見なかったり、言葉の発達が遅《おそ》かったりする子は何人かいました。「子どもの発達は個人差が大きいからね」とお互《たが》い励まし合っていましたが、そうした子どもたちも、年齢《ねんれい》が上がるにつれ、普通級《ふつうきゅう》に次々と適応していきました。

そんななかで、長男は小学6年生で支援級に移ることになりました。当時、東京都の小学校に通っていたのですが、まわりの子がどんどん大人っぽくなっていくなかで、長男の存在が浮《う》いて見え、先生や同級生から「困った子」「手に負えない子」と思われ始めているのがわかり、このままではいけないと転級したのです。

普通級から支援級に移ると、長男はみるみる落ち着いていきました。それ以降、中学校も支援級、高校は養護学校の高等部に進学し、熱心な先生方にも恵《めぐ》まれ、現在の職場に就職することができました。

この間、求めてもなかなか思うようなアドバイスを得《え》ることができず、ほんとうに手探《てさぐ》りで子育てをしてきました。たぶん、障害児をお持ちの方が感じるような悩みや困りごとは、私も多少なりとも身をもって経験したと思います。

3年前、長男の就職が決まり、下の二人の子どもたちも高校生となり、子育てが一段落したので、私は、幸福の科学の教育事業でボランティアスタッフとして定期的にお手伝いを始めたのですが、ちょうどその頃、「障害児支援のボランティア活動を立ち上げよう」という話が持ち上がり、知的障害の長男を育てた経験があることから、私がこの活動の担当者になったのです。

「自分と同じように悩んでいる人に希望を与《あた》えたい」「かつて自分が求めても得られず、『こうだったらいいのに』と思ったことを、一つずつ形にしていこう」「あとから来る人たちには、決してまわり道をさせないぞ」という気持ちでいっぱいでした。

障害を持って生まれてくる意味

障害児を育てる親の心理は複雑です。「障害児と認めたくない」「かわいそうと思ってほしくない」「誰《だれ》も理解してくれない」など、障害という事実を受け入れられなかったり、同情はされたくないけれど、誰かに理解してもらいたいと思っていたりします。

お母さんのほとんどは、子どもに障害があることを自分のせいだと思い、自分を責めています。また、「わが家になぜ障害児が生まれたのか」ということを考え、悶々《もんもん》とした日々を送っているものです。

私は、そうしたお母さんたちに伝えたいのです。人間の本質は肉体ではなく魂《たましい》であり、私たちは何度も、この世とあの世を生まれ変わっている存在なのだということ、そして、なかには、あえて厳しい環境《かんきょう》を選んで生まれてくるケースもあるということを——。これは、幸福の科学・大川隆法《おおかわりゅうほう》総裁が説《と》く仏法真理《ぶっぽうしんり》であり、「ユー・アー・エンゼル」の基礎《きそ》となる考え方です。

障害児が生まれてくる意味はさまざまです。そのなかで共通して言えることは、「障害を持って生きることを通して、また、その親となることを通して、親子ともに魂を磨《みが》くことを期待されている」ということです。

大川隆法総裁は、次のように説かれています。

「障害など、いろいろな悪条件を持っている人も多いと思いますが、実は、

まわりの人に何かを教えたり、まわりの人の性格を優《やさ》しくしたりする修行もしているのです。まわりの人たちは、そういう人から逆に教わっているわけです」（『じょうずな個性の伸《の》ばし方』１０６ページ）

私も、長男の子育てを通してたくさんのことを学びました。

最初は、まわりから受ける誤解や、冷ややかな対応をつらく感じて、「もっとこの子のことを理解してくれたらいいのに」と思っていました。慌《あわ》ただしい一日が終わると、その日受けた長男への注意や苦情、それを言ってきた人たちの表情などがグルグルと頭のなかをまわり、「私の育て方に問題があるのかなあ……」と落ち込むという毎日でした。しかし、そんなふうに自分を責めても、事態は少しもよくなっていきませんでした。

その頃の私は、自分を振《ふ》り返《かえ》るたびに、「これがよくなかった」と、失敗ばかりを数え上げて落ち込んでいました。自分でも「こんなことではいけない」と思いながら、最終的に子育てに自信をなくすところに考えが行きついてしまう自分を止めることができませんでした。それは、トラブルを起こす長男の連帯責任を負っているような感覚でした。

長男が小学2年生の頃、幸福の科学の精舎《しょうじゃ》（※）で研修を受けた私は、その参考書籍《しょせき》のなかの、**「自分のことは自分自身がいちばんよく知っているのですから、他人の意見をどの程度受け入れるか、あるいは受け入れないかを最終的に判断する主体は、自分自身なのです」**（『奇跡《きせき》の法』28ページ）という部分にハッとしました。

「そうか、まわりの人の意見に左右されてばかりではいけないんだ。私が長男をどう見るか、どう育てたいかを主体的に決めなくてはならないんだ」と思いました。そして、「長男が暴《あば》れていたのは障害のせいではなく、『僕《ぼく》はそんな悪い子じゃない！』と言いたかっただけかもしれない……」と思ったのです。

このことがあってから、「私が思いを変えれば、長男も変わっていくのではないか」と思えるようになり、ようやく希望が見えてきたのです。

※幸福の科学の研修施設。

年度が変わった翌年、長男の担任になった先生は、とても細かい人で、毎日の連絡《れんらく》ノートに、長男の一日の行状《ぎょうじょう》をびっしり書いてくださったのですが、この頃から私は、「人の評価は人の評価」と割り切って、長男のよいところを大きく見るようにしていきました。すると、それまで、勝手に外出しては行方《ゆくえ》不明になっていた長男の行動が、ピタッと止まったのです。

この体験を通して、私は自分の心の狭《せま》さを克服《こくふく》することができたと思います。長男に対してだけでなく、ほかの人に対しても、欠点よりも長所を見るようになり、人を責めたり裁《さば》いたりすることが少なくなったと思います。今から思うと、私に「ほんとうの愛とは何か」ということを学ばせるために、長男は暴れていたのかもしれません。これは一つの例ですが、私は長男を育てることを通して、人間としていろいろと成長させてもらったなと感じています。

また、自分ががんばっても子育てがうまくいかなかった期間を経《へ》たことで、ほかのお母さん方のつらさや苦しさが他人事《ひとごと》と思えなくなり、「私はそういう人たちの味方でありたい」と思うようになりました。この気持ちは、現在の私の活動の原点にもなっています。

このように、「魂を磨《みが》く」という見方に立てば、障害を持って生きること、あるいは、障害児を育てることにも意味を見いだせるのではないでしょうか。

以前、障害児を育てることに対して、「これって、罰《ばつ》ゲームかしら」と言ったお母さんがいました。それに対して私は「罰ゲームではなく、宝探しですよ」と申し上げました。その宝は、ちょっと見つけにくいところに隠《かく》されているのですが、発見したときの喜びは格別です。

「ユー・アー・エンゼル」では、この宝探しのお手伝いをしたいと考えています。この「障害児を育てることは宝探し」という見方は、岡山県に住む安部清子《あべきよこ》さんが教えてくれました。この運動を始めるきっかけとなった安部昴《すばる》くん（当時小学3年生）のお母さんです。

ここで、その安部さん親子の体験談を紹介《しょうかい》させていただきましょう。

体験談①

重度の知的障害の昴《すばる》くんに起きた奇跡《きせき》

障害があると知らされて

話は、昴くんが、まだお母さんのお腹のなかにいた頃にさかのぼります。妊娠《にんしん》6カ月のエコー検査で、お母さんの清子さんは、お腹の子に障害があることを知らされます。

「この子には口唇口蓋裂《こうしんこうがいれつ》という先天性異常があります」と、お医者さんに告《つ》げられました。さらに、心臓にも重い疾患《しっかん》があり、生きられるかどうかは、生まれてみないとわからないというのです。

産む前に子どもに障害があることがわかった場合、堕胎《だたい》を考えられるお母さんもいます。しかし、清子さんは、そのとき、堕胎という選択肢《せんたくし》は考えなかったそうです。なぜなら、幸福の科学の教えを学び、「妊娠後9週目には、胎児《たいじ》に魂が宿《やど》る」ということや、「魂修行のために、あえて障害を持って生まれてくるケースもある」ということを知っていたからです。

ただ、産むとは決めても、心の波立ちはおさまらず、がっくり落ち込みながら帰宅しました。

家に帰ると、清子さんは、当時6歳《さい》だった長男の源志郎《げんしろう》くんに、

「赤ちゃんな、口がうさぎみたいに割れとるらしいんじゃ」

と伝えました。

すると、源志郎くんはすぐにこう言ったのです。

「『うさぎさんみたいでかわいいね』って、みんな言うかもしれんよ?」

(ああ、そうか……。そういう考え方もあるんじゃなあ)

源志郎くんの言葉が、落ち込んでいた清子さんの心の杖《つえ》となりました。

それでも時間が経《た》つにつれ、悪い想像ばかりがふくらみます。

清子さんは、悩んだ末、ご主人に離婚《りこん》を切り出しました。

「私は産みたいからこの子を産ませてもらうけど、あなたに迷惑《めいわく》がかかるだろうから別れてほしい」

そう言われたご主人は、清子さんの言葉に胸をつまらせながらも、

「二人で育てよう」

と静かに答えました。

家族の絆《きずな》は固く、昴くんは家族みんなに心から望まれて、この世に生まれてくることになったのです。

産声《うぶごえ》に「ああ、生きとる!」

予定日の1カ月前、昴くんの心臓がもたないとわかり、急きょ帝王切開《ていおうせっかい》で出産することになりました。やがて産声《うぶごえ》が聞こえ、小さな手がちらりと見え

ました。

「ああ、生きとる！」

清子さんにとって、うれしさと、「この子を育てていく」という覚悟《かくご》と、不安の入り混じった出産でした。

「昴」という名前は、病院のベッドから夜空にキラキラと輝《かがや》く星を見ていた清子さんと、宇宙や星が大好きなお父さんが話し合ってつけた名前です。

昴くんは無事に生まれてきたものの、唇《くちびる》と心臓以外にも、低酸素脳症《ていさんそのうしょう》などの症状《しょうじょう》があり、予断を許さない状況《じょうきょう》が続きます。未熟児で生まれたうえに、心臓の悪いところを治す手術を何回も受けなければならないため、ＮＩＣＵ（新生児集中治療室《ちりょうしつ》）に長期入院することになりました。

昴くんが1歳を過ぎるまで離《はな》ればなれにならなければならず、清子さんは毎日病院に通って、昴くんを見守りつづけました。

1歳の誕生日を過ぎ、ようやく退院となりましたが、昴くんは、常《つね》に鼻から酸素を取り入れないと生きていけません。家には空気中の酸素を集める濃《のう》縮器《しゅくき》を設置し、外出には酸素ボンベが欠かせません。家族五人、今までとは違う生活がスタートしました。

昴くんは入院中の医療《いりょう》的処置で、お医者さんや看護師さんに触《さわ》られつづけていたせいか、人の手を嫌《いや》がりました。抱《だ》っこも嫌がり、喜んだり、笑ったりの感情表現もあまりしません。低酸素脳症や遺伝子の異常からくる知的障害もあり、限られた言葉しか話せませんが、最初に覚えた言葉は「いや！」でした。

それでも、二人のお兄ちゃんは、昴くんをとてもかわいがりました。学校の友だちにまで、「弟の割れとる唇が、プルプルして気持ちええんじゃ」と自慢《じまん》するほどで、友だちも昴くんをかわいがってくれるようになりました。

普通の子と変わらないように接してくれるお兄ちゃんたちのおかげもあって、昴くんは少しずつ、明るく、前向きになっていったのです。

転機となった出来事

昴くんは、重度の肢体障害《したいしょうがい》を抱《かか》え、体調が急変することもしばしばあります。

体はとても小さく、移動手段はおもに車いすです。彼《かれ》の〝愛車〟は機関車トーマスの絵がついた小さな車いす。その背部には酸素ボンベが装着されていて、昴くんの鼻には酸素ボンベにつながったチューブが入っています。チューブをとめる絆創膏《ばんそうこう》がほっぺたに数カ所貼《は》られていて、ときどき貼りあとが赤くかぶれたりします。

また、知的障害も重く、小学2年生になるまで字が書けませんでした。鉛《えん》筆《ぴつ》を持たせても、筆跡《ひっせき》はグルグル渦巻《うずま》きのような感じで、ひらがなもカタカナも、もちろん漢字も書けませんでした。

そんな昴くんに転機が訪れたのは、2011年4月10日のことです。幸福の科学の大川隆法総裁が、昴くんの所属する岡山東支部を訪れ、支部に集まった方々に法話をしてくださることになったのです。

大人の方々への話ですから、昴くんたち子どもはモニタールームで聴《き》くことになりましたが、大川隆法総裁がお帰りになる際は、手を伸《の》ばせば大川隆法総裁に届きそうなくらい近いところで、お見送りすることができました。

昴くんは、中学生のお兄ちゃんに抱っこされながら、お帰りになる大川隆法総裁の姿をじっと見つめていました。

少しずつ起きていった「奇跡《きせき》」

その日を境《さかい》に、昴くんにゆっくりと変化が起きてきました。

それまで、失敗を恐《おそ》れてすぐにあきらめたり、新しいことをやるのを嫌がったりすることが多かったのに、チャレンジすることが多くなったのです。たとえば、体ごと引きずるように移動していた昴くんが、ハイハイするようになりました。また、車いすを乗りこなし、三輪車に乗って足でこぐことができるようにもなりました。文字もまったく書けなかったのが、手本を見ながらひらがなを何文字か書けるようになりました。

10カ月後、昴くんは回復を祈《いの》ってくれたみなさんに、お礼の手紙を書くことにしました。そのとき、スケッチブックに青いサインペンで昴くんが書いたのは、「ありがとう」の五文字でした。昴くんが、誰かに自分の気持ちを伝えるために、意味のあるメッセージを書いたのは、それがはじめてのことでした。

手本をもとに書いた文字でしたが、それまでの昴くんを知る人にとっては、驚《おどろ》きの出来事でした。喜ぶ人、涙《なみだ》を流す人までいました。ご家族も、まわりの方々も、「ほんとうに、昴に奇跡《きせき》が臨《のぞ》んだのかもしれん」と、実感された出来事でした。

大川隆法総裁が訪問された支部や精舎では、病気が治《なお》ったり症状がよくなったりする奇跡が数多く報告されているのですが、昴くんにもその奇跡が起きていたのです。

それ以来、昴くんは、日々できることが増えつづけています。小学6年生となった今、昴くんのノートには、筆圧《ひっあつ》のしっかりとした文字が並ぶようになりました。

「おおきくなって、おしゃべりがうまくなりますように」

「てんしのしごとがたくさんできますように。かんしゃ☆あべすばる」

ありがとう

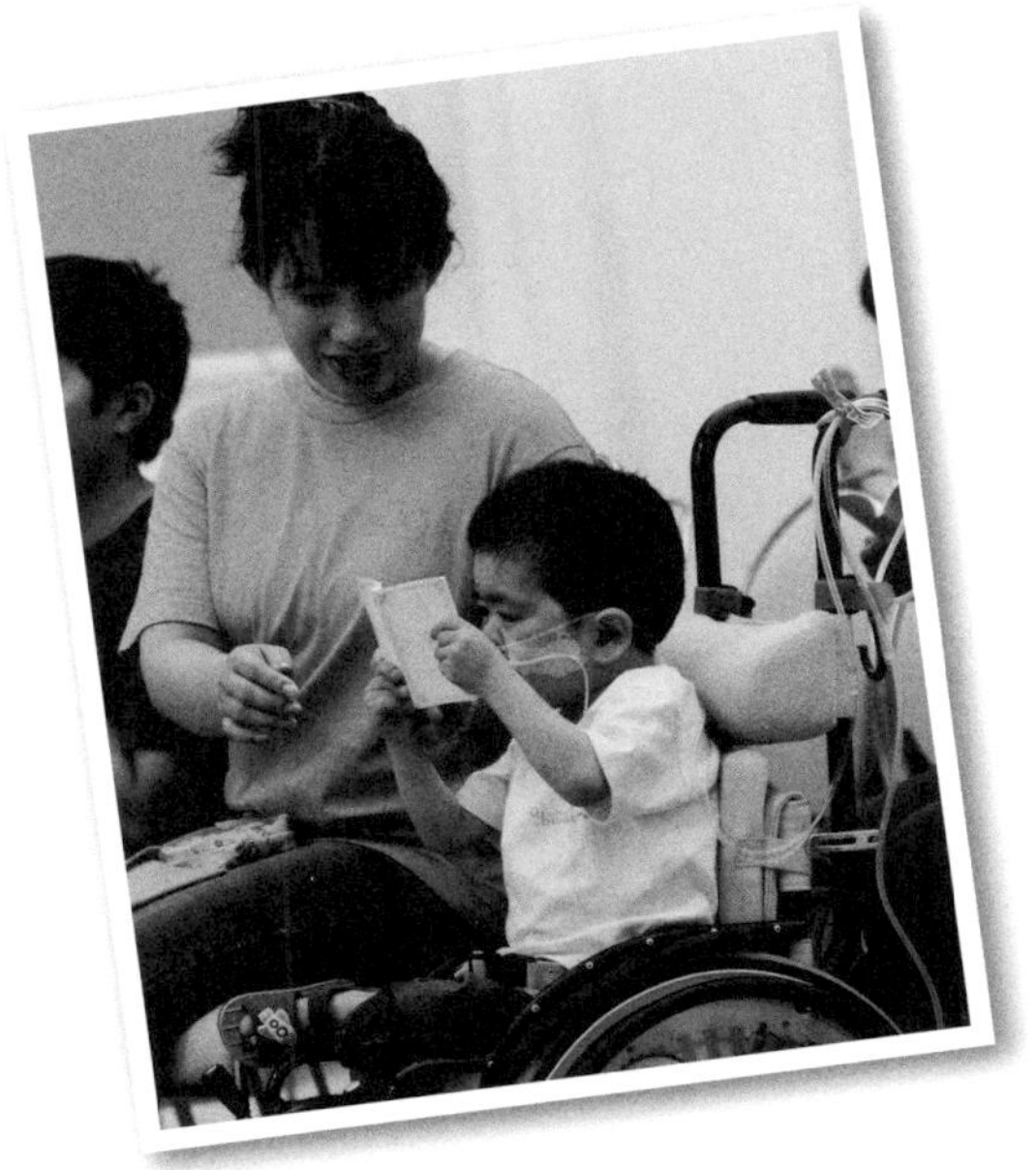

「ユー・アー・エンゼル！」運動スタート

昴くんの成長している姿を見ていると、「大丈夫《だいじょうぶ》、未来は明るい！」と感じられます。

昴くんの奇跡の成長ぶりは、幸福の科学のさまざまな月刊誌に取り上げられることとなりました。すると、全国各地から、「安部さん親子と交流したい」という声が寄せられるようになり、その動きをきっかけとして、ボランティアが運営する障害児支援「ユー・アー・エンゼル！」運動が本格的にスタートしていったのです。

私は、熱心なボランティアの方に手伝ってもらいながら、ホームページを立ち上げ、連絡窓口をつくり、自発的に集まりを持っている障害児親子のみなさん、支援者のみなさんの情報を集めていきました。北海道から沖縄《おきなわ》まで11カ所の拠点をつくり、各地の集いを訪問してまわりました。全国各地に、この活動を支持してくださる保護者、支援者のみなさんがいたことには、ほんとうに励まされました。

昴くんのお母さんの清子さんには、現在、「ユー・アー・エンゼル」中国地区の代表をしていただいています。この地区は、定期的に集いを開催するほか、イベントを企画したり、合宿を開催したりと、活動が盛《さか》んな地区の一つです。清子さんは、ほかの地域から「交流したい」と声がかかれば、昴くんとともに出向かれることもあります。

「昴を育てるうえで、ずっと心の支えにしているのは、大川隆法総裁の『人生は一冊の問題集』という言葉です。私自身も、昴にはすごく成長させてもらっています。母親には、この子だけの輝きを見つける宝探しの仕事も、きっとあるんですよね」と、清子さんは言います。

また、「ユー・アー・エンゼル！」運動が始まると、障害を持つ子どもたちの素晴らしい成長記録や、この運動に関わって人生が輝き出した方々の体験記がたくさん寄せられるようにもなりました。

全身がまったく自由に動かない重度の障害がありながら、心のなかで詩をつづっていた子。

車いすの生活だったのに、突然、自力で立ち上がって歩き出した子。

強い自閉《じへい》傾向が1年間で劇的に変化し、会話ができるようになった子。

ほかにも、支援級に通《かよ》う子が「ユー・アー・エンゼル」の個別支援で英検5級に合格したりなど、たくさんの体験談が寄せられています。そうした事例をふまえ、障害児を育てるご両親が、心の支えとしてきた考え方はどのようなものであったのかを、大川隆法総裁の教えに照らしてまとめたものが、「ユー・アー・エンゼル！運動のミッション」です（本書214〜215ページ参照）。

この本では、このミッションの内容に沿《そ》って、たくさんの感動体験と、私たちが大切にしている考え方、障害児との関わり方を紹介させていただきたいと思います。障害児を持つ親御さん、また支援者の方々にとって何らかの参考になれば幸いです。

第1章

あらゆることを感じ取っている〝完全な魂《たましい》〟

ユー・アー・エンゼル！運動のミッション

一　障害児の魂《たましい》は完全です。
彼《かれ》らは外界《がいかい》のあらゆることを感じとっています。

「障害児の知能は幼児のまま」はほんとう？

木多啓介《きたけいすけ》くん（19歳《さい》）は、1歳10カ月のときに発作《ほっさ》を起こして意識を失いました。脳波も一時はまっ平《たいら》で、脳波計が示す啓介くんの「生命」は、あたかも失われたかに見えました。一命は取りとめましたが、そのときの後遺症《こういしょう》で、以来、寝たきりの毎日となりました。体のどこも自由に動きません。

医学の世界では、そのように幼《おさな》い頃《ころ》から重度障害を負っている場合は、知能は幼児のままだと言われているようです。

また、一般《いっぱん》に、障害がある子は、知能が幼児のままで大人にならないから、純粋で素直だとも言われています。

もし、それがほんとうなら、啓介くんは19歳になった今も幼い知能のまま、まわりの大人たちの難しい話は理解できず、高度な精神活動とは無縁《むえん》であるということになります。

しかし、私たち「ユー・アー・エンゼル」は、そのようには考えていません。「障害があっても、魂《たましい》としては完全であり、健常者と同じ思考能力を持っている」という考えで支援《しえん》にあたっています。

たとえ、外見に現れている姿や言葉の表現が不完全なものであっても、その奥《おく》にある「魂」は完全であること。彼《かれ》ら、彼女《かのじょ》らは、ハンディのある肉体での人生修行を覚悟《かくご》して、この世に生まれてきているのであり、何らかの使命を果《は》たそうとしていること。それが障害児の存在意義であり、人生の意味なのだと考えています。

この考え方に共感される方は、大変多くいらっしゃいます。医学的な考え方はさて置き、実際に障害児を育てているお母さん方や、直接支援をしている福祉《ふくし》の現場の方々は、障害児のお世話を通して、さまざまな発見をされていて、この「魂は完全」という言葉にピンとくるようです。

啓介くんのお母さん、香《かおり》さんもその一人です。

レポート①

動かない体の奥で啓介くんがつむいでいた言葉

生まれてはじめて書いた言葉

「これ、啓介が書いたものなんです」

２０１３年６月のある日のこと、そう言って香さんが見せてくれた一枚の紙には、ぎっしりと等間隔《とうかんかく》でひらがなが並んでいました。

（啓介くんが書いた？）

反射的に、私の頭のなかに、ベッドに横たわっている啓介くんの姿と、ペンだことは無縁の細いきれいな指先が思い浮《う》かびました。

「國學院大學《こくがくいんだいがく》に柴田保之《しばたやすゆき》先生という方がいらっしゃるんですけど、その先生は、重度障害の方からスイッチとスキャンワープロを使って、言葉を引き出す研究をされていて、こういうことができるんです」
そこで、まずは、啓介くんの言葉を読ませてもらうことにしました。

きたけいすけ
じぶんでじがかけるとはおもいませんでしたのでかんげきです。
かあさんにつたえたいことがあります。
ぼくのためにいつもうちをよくあけさせたり
わざわざゆわれはできないくらいくろうをかけて
かあさんにはほんとうにもうしわけないです。
わたしたちにもことばがあるとなぜわかったのですか。
（中略《ちゅうりゃく》）
つらいこともたくさんあるけれど
わたしたちにもりかいされるときがくるのですね。

うれしいです。
わずかなちからでもつたわるのがふしぎですが
ゆめのようです。
りかいできていてもつたえられなく
もうむりかとあきらめかけていたのでうれしいです。
どうしてみんなわかっているとおもわれないのか
とてもはがゆいおもいをしてきましたが
わかってもらえてしあわせです。

「わたしたち」とは、重度障害の人たちのことを指しているのでしょうか。その言葉から、一般社会からの疎外《そがい》感を感じている、いや、私たちがそう感じさせてしまっている障害児たちの現実が垣間《かいま》見え、何とも言えない気持ちになりました。

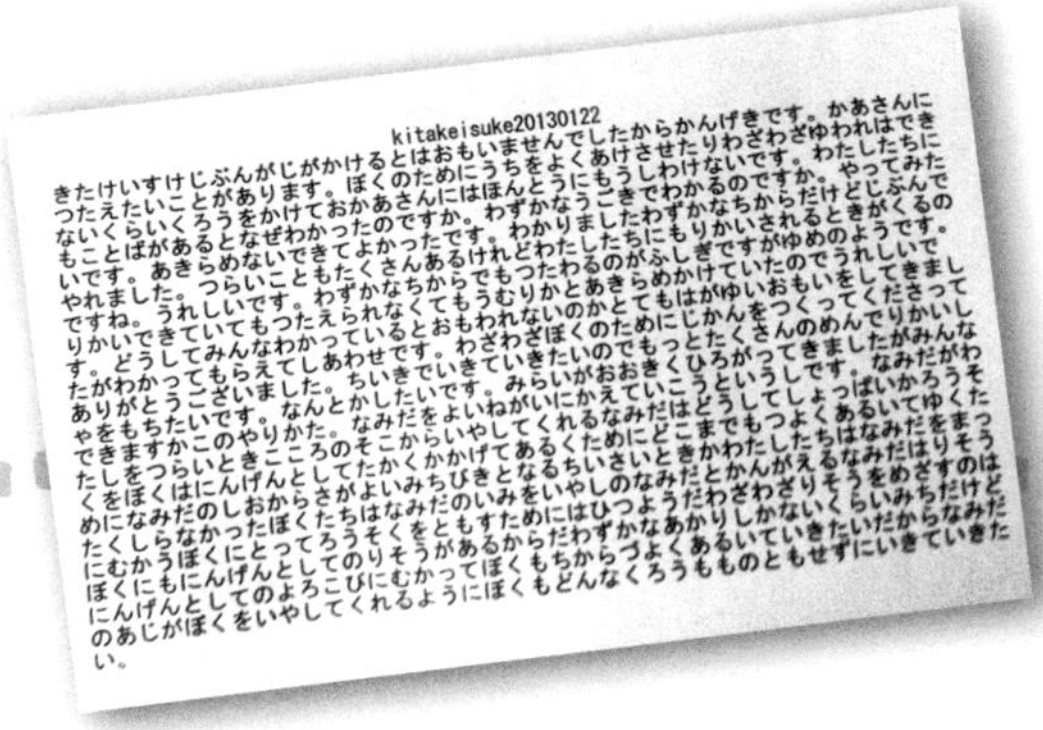
kitakeisuke20130122
きたけいすけじぶんがじがかけるとはおもいませんでしたからかんげきです。かあさんに
つたえたいことがあります。ぼくのためにうちをよくあけさせたりわざわざゆわれはでき
ないくらいくろうをかけておかあさんにはほんとうにもうしわけないです。わたしたちに
もことばがあるとなぜわかったのですか。わずかなうごきでわかるのですか。やってみた
いです。あきらめないできてよかったです。わかりましたわずかなちからだけどじぶんで
やれました。つらいこともたくさんあるけれどわたしたちにもりかいされるときがくるの
ですね。うれしいです。わずかなちからでもつたわるのがふしぎですがゆめのようです。
りかいできていてもつたえられなくてもうむりかとあきらめかけていたのでうれしいで
す。どうしてみんなわかっているとおもわれないのかとてもはがゆいおもいをしてきまし
たがわかってもらえてしあわせです。わざわざぼくのためにじかんをつくってくださって
ありがとうございました。ちいきでいきていきたいのでもっとたくさんのめんでりかいし
ゃをもちたいです。なんとかしたいです。みらいがおおきくひろがってきましたがみんな
できますかこのやりかた。なみだをよいねがいにかえていこうというしです。なみだがわ
たしをつらいときこころのそこからいやしてくれるなみだはどうしてしょっぱいかろうそ
くをぼくはにんげんとしてたかくかかげてあるくためにどこまでもつよくあるいてゆくた
めになみだのしおからさがよいみちびきとなるちいさいときかわたしたちはなみだをまっ
たくしらなかったぼくたちはなみだのいみをいやしのなみだとかんがえるなみだはりそう
にむかうぼくにとってろうそくをともすためにはひつようだわざわざりそうをめざすのは
ぼくにもにんげんとしてのりそうがあるからだわずかなあかりしかないくらいみちだけど
にんげんとしてのよろこびにむかってぼくもちからづよくあるいていきたいだからなみだ
のあじがぼくをいやしてくれるようにぼくもどんなくろうもものともせずにいきていきた
い。

「なぜわかったのですか」という言葉からは、理解されない失望感が重《かさ》なる毎日と、それでも自分が存在することでまわりに何かを伝えようとしている暗黙《あんもく》の意志、周囲への憐《あわ》れみと許しの思いのようなものが伝わってきました。

障害を負って寝《ね》たきりとなってから17歳（当時）までの間、一切《いっさい》の表現手段を絶《た》たれていた啓介くんのなかで、こんなにも高尚《こうしょう》な言葉が、精神が育っていたと知って驚《おどろ》きました。

表現手段を得てはじめてつづった言葉が、お母さんへの感謝とねぎらいの言葉であったということにも驚きました。健康で何不自由ない生活をしていても、自分のことでいっぱいいっぱいの人はたくさんいます。自分を思ってくれる人に対してさえ、ぞんざいな言葉を投げかけたり、関係ないとそっぽを向く人もいます。

啓介くんには、健常者も見習うべき、立派な精神態度が備《そな》わっていました。

さらに驚いたのは、文章の最後に、啓介くん自作の詩がつづられていたことです。その詩のタイトルは、「涙《なみだ》をよい願いに変えていこう」です。

なみだがわたしをつらいときこころのそこからいやしてくれる
なみだはどうしてしょっぱいか
ろうそくをぼくはにんげんとしてたかくかかげてあるくために
どこまでもつよくあるいていくために
なみだのしおからさがよいみちびきになる
（中略）
わざわざりそうをめざすのは
ぼくにもにんげんとしてのりそうがあるからだ
わずかなあかりしかないくらいみちだけど
にんげんとしてのよろこびにむかって

ぼくもちからづよくあるいていきたい
だからなみだのあじがぼくをいやしてくれるように
ぼくもどんなくろうもものともせずにいきていきたい

感謝ができ、ほかの人の苦しみや悲しみが理解できること。人を思いやる優《やさ》しい気持ちがあること。穏《おだ》やかさや許しの心を持っていること。詩をつづることができること。いずれをとっても、幼児の知能のままとは言いがたいことばかりです。

そんな啓介くんの心を育てた香さんの家庭教育は素晴らしいと心底《しんそこ》思いました。

口頭《こうとう》での話はできない啓介くんですが、実際に会ったときの印象と、その文面から流れてくる調べのようなものには共通性があり、確かに本人の言葉だと私は信じることができました。いったい、どうやって言葉を読み取っているのか、興味が湧いた私は、木多さん親子に同行させてもらい、柴田先生がいらっしゃる大学の研究室を訪問することにしました。

そのときに見たこと、聞いたことと、また、その後あらためて行った柴田先生へのインタビューは、後ほど紹介《しょうかい》させていただきます（54ページ）。

健常児として生まれて

先に、啓介くんの生《お》い立《た》ちについて紹介しましょう。

お母さんの木多香さんは、地元・富山の大学を卒業したあと、電力会社で広報の仕事をしていました。大学時代の同級生と結婚《けっこん》して寿《ことぶき》退職をし、28歳で長男を出産します。

その2年後、次男の啓介くんを出産します。とても元気な男の子でした。

小さい頃の啓介くんは、輝《かがや》くような笑顔をしていて、家族旅行で乗った飛行機の機内で、搭乗客《とうじょうきゃく》の方々の人気者になってしまうほどだったそうです。当時の写真を見せていただくと、恥《は》ずかしそうにお母さんに寄《よ》り添《そ》うお兄ちゃんと、堂々とカメラに向かい、満面の笑みを浮かべる啓介くんが写っています。

優しい性格のお兄ちゃんに比べて、啓介くんは物怖《ものお》じしないはっきりとした性格で、自分のオモチャを取られると、相手が年上だろうと、全力で向かっていって絶対に取り返すという意志の強い子だったそうです。

しかし、食欲も旺盛《おうせい》で、元気いっぱいだったのが、1歳半くらいから機嫌《きげん》がすぐれないことが多くなっていきました。

「今にして思えば、それは予兆だったのかもしれない」と香さんは言います。

「あと2カ月で2歳になるというときのことです。啓介の機嫌が悪くなり、少し痩《や》せてきたような気がしたので、町の小児科に連れて行ったら、大きな病院を紹介されました。そこで腎臓《じんぞう》に腫瘍《しゅよう》があることがわかり、即《そく》入院になりました。入院してすぐ、大きな発作を起こして意識を失いました。一時期、脳波も平坦《へいたん》、目も開きっぱなしという状態になり、たぶんドクターは、もうだめだと思ったと思います」

幸い一命は取りとめたものの、障害が残ってしまうとのことでした。突然《とつぜん》の出来事を受け止められない香さんは、ただただ悲しみのなかにあったそうです。それから1年ほどは、先が見えない怖《こわ》さをいつも感じていたといいます。

ご主人や双方《そうほう》のご両親のサポートのなか、啓介くんの介護《かいご》生活がスタートしますが、香さんは、24時間つきっきりの介護に疲《つか》れ果《は》て、「このままこの子と一緒《いっしょ》に死んでしまおうか」と何度も思ったそうです。

わが子に起きた現実を受け入れることができず、自分を責める日々が続き、「私のせいでこんな体になってしまった。かわいそうに……」という思いばかりが去来します。「この子が元気にならない限り、幸福にはなれない」

と、暗澹《あんたん》とした思いで過ごしていたそうです。

自分を責める香さんを、ご主人は「啓介は啓介だよ。何も変わっていない」と言って励《はげ》ますのですが、香さんの気持ちは晴れません。「どうせ幸せになれないなら、一生、啓介に尽《つ》くして生きよう」と、悲壮《ひそう》な気持ちで毎日を送っていたといいます。

環境によって幸・不幸は決まらない

その後、転機が訪れます。

「啓介が4歳のとき、母が知り合いの方から3冊の本をいただいたんです。読んだ瞬間《しゅんかん》、行きつくところに行きついたという感覚がありました」

それが、大川隆法《おおかわりゅうほう》総裁の書籍《しょせき》でした。人生には目的と使命があることを学び、「環境《かんきょう》によって幸・不幸が決まるのではない。どのような環境に置かれたとしても、自分の心を磨《みが》くことで、幸せになっていく道があるんだ」と気づいた香さんは、徐々《じょじょ》に平穏《へいおん》な心を取《と》り戻《もど》していきました。ある日、自宅のポストに幸福の科学の月刊誌が投函《とうかん》されていたのを見つけた香さんは、迷わず幸福の科学の支部に連絡《れんらく》をし、入信しました。

幸福の科学の支部や精舎《しょうじゃ》に通《かよ》い、教えを本格的に学び始めた香さんは、ある日、啓介くんとともに訪れた精舎の礼拝室で、神秘体験をします。

「瞑想《めいそう》をしていると、あたたかい声が聞こえたんです。『大切な、大切な啓介くんをあなたにお預けしましたよ』という声です。そして次には『大切な啓介くんを大切に育ててくれてありがとう』という声。そんなあたたかい声に包まれて、何とも言えない癒《いや》しを感じました」

「そのあと、一本の光が後ろから走ってきて、私たちの前方に突《つ》き抜《ぬ》けていくのを感じました。その光は、過去から未来に向けて、永遠に続く光のようでした。そのとき、『永遠の生命から見たら、今回の人生はほんの一瞬《いっしゅん》なんだ。この貴重な一瞬を大切にしなくてはいけない』と思い、なんだかとても勇気が出たのを覚えています」

この頃から香さんは、啓介くんのことで悲しくて泣くことはなくなっていきました。そして、自分自身の生きる意味、使命ということを深く考えるようになったそうです。

危篤《きとく》状態からの回復

とはいえ、その後も、啓介くんの容体《ようだい》はいつも危険と隣《とな》り合《あ》わせです。2013年には、前述したように柴田先生との出会いがあり、はじめて言葉をつづることができましたが、その後、約半年間にわたり入院し、一時、危《き》篤《とく》状態にもなりました。

でも、そのときの香さんは、もう以前の香さんとは違《ちが》いました。啓介くんのおかげで、さまざまな経験ができたことへの感謝と、啓介くんの「天命」にすべてをゆだねようという覚悟ができていたのです。

また、45歳でカラーアナリストの資格を取得していた香さんは、啓介くんに会いに病院に行くときは、どんなに忙《いそが》しくて余裕《よゆう》がなくても、自分に似合う色の服を着て、メイクをして行くことを自分のルールとしていたそうです。それは、自分自身の心をしっかりと保《たも》ち、啓介くんにプラスのエネルギーだけを届けたいという願いからでした。

「入院中は本人も家族も大変なので、ついおしゃれなんて後回しにして、手を抜いてしまいたくなるのですが、啓介に少しでも豊かで美しい時間を過ごさせてあげたくて、がんばっておしゃれしていました」

別れが近いことを覚悟し、一日も欠かさず病院に通い、香さんは看病を続けました。

幸いなことに、啓介くんの使命は、まだ終わっていなかったようです。検査結果が上向き始め、新しい治療《ちりょう》方法が始められることになり、啓介くんは退院までこぎつけます。

香さんにとっては、自宅で〝見送る〟ことになるのを覚悟しての退院でしたが、啓介くんはそれからめきめきと回復し、養護学校の高等部も卒業し、週1回から始めた介護施設《しせつ》への通所も週4回まで増えていきました。

「僕《ぼく》の覚悟を形にしておきたい」

2014年4月、香さんと啓介くんは、再び柴田先生のもとを訪れました。そのときにつづられた啓介くんの言葉の一部をご紹介しましょう。

ながいあいだたいくつだったのではやくあいたかったです。

わざわざびょういんにもきてくれるときいて

わだいもよういしていたのでざんねんでしたが
わざわざきていただかなければもうあえないかもしれないと
かくごしていたのでよかったです。
かえってあえていたら
そのままがんばるいよくがきえていたかもしれません。
でもこうしてあえてほんとうによかったです。
（中略）
じょうひんなむかしのゆめももうみられないだろう。
ぼくにもにんげんとしてのほこりがあるから
わずかなじかんしかのこされていないかもしれないので
ぼくはぼくらしさのあかしをのこしておきたい。
つらいことはなかったといったらうそになるだろうが
ぼくのじんせいはきぼうとともにあった。

にんげんのじりきとはとてもすばらしいもので
もじにはとてもあらわすことはできない。
わざわざことばにしなくてもいいことだけど
ぼくのかくごはかたちにしておきたい。

（中略）

もしみんなにいきるいみがなかったなら
もくもくとただいかされているだけになる。
だからぼくたちは
つねにみらいをつかもうとしてどりょくしてきた。
わずかなわずかなみらいだけど、ぼくはよいわと
もともとのへいせいなこころをだいじにつむいできた。
だからむかしからにんげんとして
そんげんをだいじにしていきてきた。

そんなかくごをつねにいだいていきてきたのでつねにしあわせだ。
とつぜんしはやってくるかもしれないが
むざんなしはむかえたりすることはない。

香さんは、啓介くんのことを「武士みたいな性格の子」と言います。啓介くんの言葉から垣間見られる潔《いさぎよ》さ、誇《ほこ》り高さ、ストイックさ、死を覚悟した生き方。確かに、どれをとっても武士道に通じる精神性です。

たとえ障害があっても、魂は完全です。

障害児の姿をまとっていても、啓介くんの魂は、完全なる「サムライ」なのかもしれません。

＊インタビュー＊

障害がある人にも考えや言葉がある

――國學院大學・柴田保之先生

木多啓介くんのエピソードと切っても切れない関係にあるのが、國學院大學・柴田保之先生の研究です。

２０１３年7月、私がはじめて柴田先生の研究室にお伺《うかが》いしたときは、木多さん親子以外に、二人の障害児とそのご家族もいて、支援者やゼミの学生たちなど、十人以上がひしめき合っていました。

「ちょっと、約束の入れ方を間違《まちが》えてしまって」と柴田先生は言っておられましたが、そのおかげで、三人の子どもたちがお互《たが》いに考えを述べ合うことができ、とても楽しかったようです。

私も子どもたちから出てくる言葉の数々に、すっかり魅了《みりょう》されてしまいました。

せんせいといったいいちよりたのしいのはなかまがいるからですね。
せんせいすこしはなしあわせてください。

これは、そのとき、啓介くんがつづった言葉の一部です。この言葉がきっかけとなって、三人の鼎談《ていだん》（？）がスタートしました。その日会ったばかりの三人は、お互いがどんな人となりであるかを、全身を使って感じ取っているようでした。言葉は話せない子どもたちですが、楽しさで少し興奮しているのが、私たちにも伝わってきました。

ある女の子は、出生前診断《しんだん》について、「あれは、私たちに対する人権《じんけん》侵害です」と、鋭い見解を述べていて、まだ中学生というのに社会問題に精通していることや、その語彙《ごい》の豊富さに驚かされました。

別の男の子は「○○さんは体が動かなくて困っているようですが、僕《ぼく》は動きすぎて困っています」と、不随意運動《ふずいいうんどう》（自分の意思と関係なく起きる体の動き）が起きてしまうことのつらさを述べていました。その男の子はとてもおもしろい言葉を使っていて、ユニークな個性が際立《きわだ》っていました。

その二人が啓介くんのことを「木多先輩《せんぱい》」と呼び、「さすがにしっかりされていますす」と尊敬の言葉を述べ、それに対して啓介くんが「そんなことはありません」と謙遜《けんそん》する一コマもありました。

言葉を話せない子どもたちから、思いを引き出すことができるということは、ご家族にとっては希望そのものでしょう。

柴田先生は、なぜこのような研究をするに至《いた》ったのでしょうか。今回あらためて研究室を訪れ、詳《くわ》しくお聞きしてみました。

——障害の重い人から言葉を引き出すようになった、きっかけを教えてください。

柴田　最初は、言葉が出る人が例外だと思っていたのですが、だんだんできる人が増えていきました。想定外《そうていがい》の人が、どんどん言葉をつづり始めたのです。今では、あらゆる人に可能性があると思うようになりました。

――感謝の言葉を言う人は多いのですか？

柴田　ほとんどの人は、お母さんへの感謝を言います。献身的に自分に尽くしてくれているお母さんを見て、そう言わずにいられないようです。

――啓介くんのように、詩をつづる人の割合はどれくらいですか？

柴田　ほぼ全員です。じっと一人で過ごす時間が多い彼らにとって、豊かな活動というのは、イメージで世界をつくることなんです。浮かんでくるイメージを、より深く豊かな表現にしようとする。癒される言葉や、力が湧いてくる言葉を用いて、よりよい言葉にしていく。すると、それが詩になるというわけです。たとえば、青空のイメージが出てきたら、それを「るり色」

と言ったりします。そのように、言葉がどんどん研《と》ぎ澄《す》まされていくなかで、必然的に詩になっていくということですね。

――どんな詩が多いですか?

柴田 彼らにとって、詩をつくることは、豊かな活動、自分を高めていくことなんです。つらい気持ちも当然あるけれども、詩をつくることによって、自分というものが高まっていく感じがして、安心するようです。だから、自分を高めるような詩が多いですね。

――啓介くんは、どんな子だと思いますか?

柴田 (隣にいる啓介くんを見ながら)……ほんわかしていますね(笑)。まじめで、穏やかな感じがします。いっぱい愛情を注《そそ》がれて生きてきた子だなと感じます。

――冗談《じょうだん》が好きな子は、冗談を言ったりしますか?

柴田 そういう子もいます。僕が困るようなことを、わざと通訳させて、学生たちを笑わせたりします。

――重度障害の方以外では、どのような障害を持った方が来ていますか？

柴田　個人的な関わりだけでなく、ボランティアで出会う人まで含《ふく》めると、私たちはかなり広範囲《こうはんい》の人たちに関わっています。（知的障害などの）しゃべれる人たちでも、自分の思いを通訳してくれと言ってきます。

――だいたいのことは話せて、ある程度、社会生活もできている人たちですよね？

柴田　それでも、自分がほんとうに考えていることを話すのは難しいんですよね。思ったことが言葉になるまでには、実はたくさんのプロセスがあって、一人で思いを言語化するのは、ものすごい作業なんです。だから、私たちが手助けしてあげると、負担が軽くなって、思いを語り始めます。知的障害の人は、出口（表現）のところが不自由なだけで、ちゃんと考えているんですよ。算数なども、わからないからできないと思われていますが、ほんとうは、その場で整理することができないだけなんです。

――なるほど。そういう考えが一般的になったら、障害児のストレスは減りますね。

柴田 ほんとうはよくわかっているのに、みんなからバカだと言われ、不当に扱われるのですから、ストレスがたまりますよね。実際に、私たちと関わって、思いを言葉にできたことで、たくさんの人が穏やかになっていきました。

――柴田先生にとって〝障害〟とは、どういうものですか？

柴田 「表現することをめぐる障害」ということですね。内面は豊かなのに、せっかくあるものが外に出ていかない。話すということは、それだけ複雑なプロセスを踏《ふ》む行為なんです。

――そうすると、障害によって分類するということは、あまり意味がありませんね。

柴田 そうですね。私たちは、どんな障害の方も一緒に活動しています。

――私たち「ユー・アー・エンゼル」では、「魂は完全である」と考えていますが、この考え方をどう思いますか？

柴田　私が師事した先生も「魂の問題だよ」とよく言っていました。言葉を話さない人たちを人間として見ていくうえでは、そういう考えもあると思いますが、私にはまだ届ききらないというか、次元の高い考え方だと思います。私のやっていることは、もっと現実的なもので、みんな言葉を持っているということを素朴《そぼく》に訴《うった》える活動だと思っています。

――時代の流れは、「障害がある人にも考えや言葉がある」という方向に進んできていますね。

柴田　確実にそちらに行っていますね。『自閉症の僕が跳《と》びはねる理由』（エスコアール出版部）を書いた東田直樹《ひがしだなおき》さんのドキュメンタリー番組が、NHKで何度も放送されたり、英訳本が出されたりするなど、彼の存在が大きく取り上げられるようになって、「うちの子も東田直樹さんみたいに考えているかもしれない」「この子は東田さんみたいに考えていると思ったほうが説明がつく」と言う親御《おやご》さん、教職員、施設職員の人たちが増えてきています。あれだけ重い自閉症の方にも言葉があるのに、目の前の人にないと考えるのはおかしい、ということですね。東田さんをはじめ、いろいろな人のがんばりがあったおかげで、流れは変わってきていますね。

――今日は、貴重なお時間をいただき、ありがとうございました。

（2015年4月10日　國學院大學・柴田保之研究室にて）

柴田保之（しばた　やすゆき）先生プロフィール
1958年、大分県生まれ。1987年、東京大学大学院教育学研究科単位取得退学。同年より國學院大學に勤務し、現在、人間開発学部初等教育学科教授。著書に『みんな言葉を持っていた―障害の重い人たちの心の世界―』（オクムラ書店）など。

肉体と魂は、車と運転手のような関係

ここで、「肉体」と「魂」の関係について考えてみたいと思います。

WHO（世界保健機関）では、人間の健康の概念《がいねん》を、「病気ではないとか、弱っていないということではなく、肉体的にも、精神的にも、そして社会的にも、すべてが満たされた状態にあること」としていますが、1998年の理事会で、新たに「スピリチュアル（霊的《れいてき》）な健康」という概念が提案されています（審議《しんぎ》には至っていない）。

人間の持つスピリチュアルな側面が、公《おおやけ》の概念として提案されたことには、一定の評価ができますが、この「スピリチュアル」は、「ユー・アー・エンゼル」でいう「魂」とは少し意味が違うようです。

つまり、霊的な側面を、人間の「生」の一要因と考えるWHO理事会の提案に対して、私たちは、人間の本質とは「魂」そのものであると申し上げたいのです。

魂と肉体、脳の関係について、大川隆法総裁は次のように述べています。

「人間は、脳で考えているのではありません。脳というものは、コンピュータ的機能、管理機能を持っているところであり、いわば管理室なのです。

そのため、脳という〝機械〟が故障した人は、考えや思想を、外部に発表したり、身体《しんたい》で表現したりすることができなくなることがあります。しかし、それは機能における障害であって、実際は、考える力や意志をまったく失ったわけではないのです。（中略）

ちょうど、肉体は自動車で、魂はその運転手のようなものなのです。自動車が故障しても、それは、『運転手が死亡した』ということにはつながりません。自動車は、故障すると進まなくなり、外見からは、運転手が機能を停止したようにも見えますが、それは運転手の生存とは別です。魂と肉体の関係は、これとよく似ていると言えるのです」（『永遠の生命の世界』１４７～１４８ページ）

ですから、たとえ脳に障害を負っても、魂ではすべてを感じ取り、いろいろと考えることができるのです。肉体や脳という〝機械〟が故障しているため、自分の考えをうまく伝えることができないだけなのです。

先ほど、柴田先生のインタビューに出てきた東田直樹さんは、重い自閉症でありながら、パソコンを使えば気持ちを表現することができ、数々の著作を出版していますが、『自閉症の僕が跳びはねる理由』（前掲《ぜんけい》）という本のなかで、自身の体と魂の関係を、次のように表現されています。

「自分がやりたくても、やれないときもあります。体がいうことをきいてくれないときです。体がどこか悪いのではありません。なのに、まるで魂以外は別の人間の体のように、自分の思い通りにはならないのです。それは、みんなには想像できないほどの苦しみです。僕たちは、見かけではわからないかも知れませんが、自分の体を自分のものだと自覚したことがありません。いつもこの体を持て余し、気持ちの折り合いのなかでもがき苦しんでいるのです」

また、「思いはみんなと同じなのに、それを伝える方法が見つからない」「自分の体さえ自分の思い通りにならなくて、じっとしていることも、言われた通りに動くこともできず、まるで不良品のロボットを運転しているようなものです」とも述べています。

この東田さんの文章は、肉体は思いどおりにならないが、自分の思考やアイデンティティーは確かにあり、それを「魂」と言っているように読めます。だとすれば、東田さんが「魂」と言っているものの意味は、「ユー・アー・エンゼル」で言っている意味とまったく同じです。まさしく、車と運転手の関係そのものです。

完全な魂が、なぜハンディのある肉体に宿るの？

それでは、なぜ完全な魂が、わざわざハンディのある肉体を選んで生まれてくるのでしょうか。あるいは、ヘレン・ケラーのように、幼《おさな》いときに病気になり障害を負うという人生を計画してくるのでしょうか。その理由を、大川隆法総裁の著作から整理してみましょう。

①健康のありがたさを学ぶため

一つ目の理由は、健康のありがたさを学ぶためです。これは、長い転生《てんしょう》のなかでは、誰《だれ》でもが一回は経験することだそうです。

「人生は今世《こんぜ》限りではなく、誰もが、この世に何度も生まれ変わってきています。しかも、生まれ変わる際には、順調な人生ばかりを選ぶわけにはいきません。それでは魂の勉強にならないからです。そのため、ときには、いろいろと極端《きょくたん》な経験もすることになります。

人間は、数多くの転生のなかで、一回ぐらいは、肉体のどこかが不自由な姿で生まれてきます。『人間として普通《ふつう》の姿であることが、どれほど幸福か』

ということを知るために、肉体的に不自由な環境が用意されるのです。誰もが必ず、どこかで一度はそれを経験します。そして、いま、その段階にある人たちもいるわけです」（『幸福へのヒント』134ページ）

今回の人生だけ見ると、「神様はなんて不公平なのか」と思うかもしれませんが、何度も生まれ変わっているという視点から見ると、決して不公平なことではないということがわかるのではないでしょうか。

②過去世《かこぜ》の宿題をクリアするため

二つ目の理由は、過去世《かこぜ》でやり残した宿題をクリアするためです。たとえば、過去世で人を傷つけたことがあり、「その償《つぐな》いをしたい」と願った場合などに、あえて自分が不自由な体に宿《やど》って、似たような経験をすることがあるようです。

「例えば、刀で人の腕を切り落とせば、どこかの転生で手に障害が出たりし

ます。一度、そういう障害を経験することによって、過去の罪の意識のようなものが消えるのです。それで、そのカルマが清算《せいさん》され、問題集の問題を一つ解《と》いたことになるわけです。（中略）

障害児として生まれること自体は、この世的に見たら不幸ですが、長い転生で見たら必ずしも不幸とは限りません。それは、意味のあることなのです」

（『じょうずな個性の伸ばし方』99〜100ページ）

生まれ変わりの過程では、戦争の時代があったり、原始的で野蛮《やばん》な時代があったりします。善人であっても、戦いに駆《か》り出されることもあります。そして戦って国を守れたとしても、誰かを殺《あや》めたことは、心の傷として残り、「どこかの転生で償いたい」という気持ちが出てきます。そのような理由で、あえて障害を持って生まれる人もいるのです。

③世を照らすという使命を果たすため

さらには、自らの魂修行という目的だけでなく、「まわりの人に、健康であることのありがたさや、優しい心を教える」などの使命を持って生まれてきている場合もあります。これについては、第２章「優しい心を引き出し、疲れた人びとを癒す『天使』」で詳しくご紹介します。

ハンディをプラスに変える生き方を

このように、障害を持った人は、人間として劣《おと》っているわけではありません。かわいそうな人たちでもありません。彼らの魂は、ハンディのある肉体に宿ることで、何かを学ぼう、何かをなそうとしているのです。大川隆法総裁は次のように述べておられます。

「何らかの障害がある人にとっての基本は、『障害を言い訳《わけ》の材料にしない』ということです。障害があっても、それをむしろプラスに変えていく生き方が大事です。言い訳のみの人生を生きても、絶対に本人のプラスになりません。（中略）

自分の子供が何かの障害を持っていたとしても、決して落胆《らくたん》してはいけません。『ハンディがあるからこそ、あなたは頑張れるのだよ』という話を子供にしてあげてください。（中略）

肉体的には障害はあっても、霊的には完全であることを忘れないでください。実在界に帰天《きてん》したあとは、自由自在です。そのときに、人生の問題集の意味を悟《さと》る人もいるのです」（『幸福へのヒント』１３５～１３８ページ）

この章の最後に、啓介くんの詩「きぼうのうた」をご紹介します。これは、前掲のインタビューに同行してくれた啓介くんが、その日つづった詩で、理解されてから、啓介くんのなかでふくらんでいった、小さな希望がつづられています。

きぼうのうた

りかいされてから
わたしはちいさなきぼうがふくらんだ
よくないことも
よいことも
わずかなわずかなきぼうのような
よいものにくらべれば
ずっとちいさなもの
ゆうきをだして

わたしはわたしのぼうけんにたびだとう
よいかぜがふいているから
いままさにびろうどのかぜに
ののはなをのせて
わたしたちは
においのいいゆめをのせてたびだとう
わずかにみえる
むこうのやまをめざして

左：木多香さん　中央：木多啓介くん　右：柴田保之先生

木多啓介くんは、この本の制作途中の2015年5月、呼吸不全のため帰天《きてん》されました。記述については、ご家族の希望により、取材当時の表現のまま掲載させていただきました。

第２章

優《やさ》しい心を引き出し、人びとを癒《いや》す「天使」

二　彼らは、多くの人びとから優《やさ》しい心、善なる心を引き出す使命を持った「魂《たましい》の教師」です。

三　彼らは、争《あらそ》いに疲《つか》れた人びとを癒《いや》す「天使」です。

見る人の心を癒《いや》す「育《いく》ちゃんの作品」

私たち「ユー・アー・エンゼル」では、年に一度、ユー・アー・エンゼル！展という作品展を開催《かいさい》しています（口絵参照）。その第一回の作品展で、ひときわ目を引く作品群がありました。

「招《まね》き猫」

「花」

「毛糸とダンボールを使って」

作者紹介には、小さい女の子の写真がありました。優《やさ》しい顔をしたダウン症《しょう》の女の子です。

小川育子《いくこ》さんは、享年《きょうねん》20歳《さい》。2004年のクリスマスイブに帰天《きてん》されています。「ユー・アー・エンゼル！」運動が始まったのは2012年ですから、私を含めスタッフは誰《だれ》も会ったことがありません。それでも、スタッフはみんな、今でも、育子さんのことを親《した》しみを込めて「育ちゃん」と呼んでいます。

育ちゃんの作品は、ユー・アー・エンゼル！展の成功に大きく貢献《こうけん》してくれました。

２０１３年６月、はじめて作品展を開くことになり、全国の拠点に作品募集を呼びかけたところ、たくさんの応募がありました。最終的に展示された作品は84点で、絵画《かいが》、陶芸作品、立体作品、ステンドグラス、詩など、いずれも力作ぞろいです。そのなかにあって、プロをもうならせたのが育ちゃんの作品でした。

生前、育ちゃんは絵画教室にずっと通っていたそうですが、お母さんは、その育ちゃんの作品をすべて大事に保管されていて、ユー・アー・エンゼル！展が開かれることを知ると、３点の作品を応募してくださったのです。

私たちの目にも、その作品が、ずば抜《ぬ》けて素晴らしいことはすぐにわかりましたが、展示を手伝ってくださった、画家を本業とされているボランティアの方は、育ちゃんの作品群を見て〝スイッチ〟が入り、次のようにコメントしてくれました。

「クレヨンを塗り重ねているのに、こんな透明感《とうめい》のある色が出せるなんて、普通《ふつう》はありえないことです」

「色というのは不思議なもので、同じ絵の具を使っても、描く人によって違《ちが》う色になるんです。やっぱり、心が表れるんでしょうね」

そう言いながら、育ちゃんの作品をとてもていねいに飾《かざ》ってくれました。

また、「ユー・アー・エンゼル！」のロゴマークをつくってくださった、イラストレーターのミウラナオコさんは、育ちゃんの作品の前にじっと座《すわ》り、長時間、鑑賞《かんしょう》されたあと、「こんな絵を描いてみたい」と言われました。「迷いがない感じや、伝わってくる生命力がすごい。見ていると、自分のなかの力強い何かを思い出せるような気がします」と絶賛されていました。

育ちゃんの20年の人生と、残された作品の数々は、今も私たちの心を癒《いや》しつづけてくれています。

ここで、育ちゃんの生前のエピソードをご紹介しましょう。

体験談②

ダウン症の育ちゃんが教えてくれたこと

突然《とつぜん》のメッセージ

「私は障害を持って生まれます。お母さん、大変でしょうけれど、がんばってくださいね」

育ちゃんのお母さんの桂子《けいこ》さんが、妊娠《にんしん》4カ月に入った頃《ころ》のことです。その声は、入浴中にお腹のなかから聞こえてきました。その声が妙《みょう》にリアルで、その後、偶然《ぐうぜん》、テレビでダウン症を特集する番組を目にしたとき、なぜか、とても気になったそうです。

（もしかして、お腹の赤ちゃんは、障害児なの？）

1984年10月9日、桂子さんは女の子を出産しました。桂子さんは、すぐに看護師さんに、「赤ちゃんの顔を見せてください！」とお願いしました。

（やっぱり……！）

顔を見て、すぐにダウン症だとわかったそうです。

桂子さんは、結婚前、静岡県で教師をしていて、養護学級にいるダウン症の子をいつも気にかけて見ていたのでした。子どもを学校に送り迎えする保護者の姿を目にするたびに、「お母さん方は大変そうだなあ。自分には絶対できない」と思っていたそうです。

「まさか、その自分が……」と、桂子さんは絶望感に打ちひしがれたといいます。

度を越したイタズラに手を焼いて

生まれた女の子には「育子」と名づけました。ダウン症には知能の遅れも伴《ともな》うので、ひらがなで「い・く・こ」なら画数《かくすう》が少なくて書きやすいだろうと思ってのことでした。

育ちゃんは、ダウン症の合併症《がっぺいしょう》で肺に異常があり、生後7カ月で手術を受けました。肺の状態はかなり深刻で、入退院を繰り返しました。

「明日の朝、起きたら娘さんの息が止まっていた、という事態もありえます」という医師の言葉に、桂子さんは「いっそ、そうなってくれたら……」と、恐《おそ》ろしい思いも心をよぎったといいます。

（世の中のお荷物にしかならない障害児を育てることが、私の人生？　この子のせいで、私の人生、台無しだ！）

当時の桂子さんは、育ちゃんの障害を受け入れきれずにいたそうです。

その後、育ちゃんは少しずつ快方に向かい、入院の頻度《ひんど》も減っていきました。しかし、今度は、度を越《こ》したイタズラをするようになったのです。砂糖をそこらじゅうにぶちまける。買ったばかりの靴《くつ》に墨《すみ》を塗《ぬ》る。勝手に外に出て行方《ゆくえ》不明になる。朝の5時に他人の家に上がり込む……。一瞬《いっしゅん》たりとも、目が離《はな》せません。

さらに、3歳と数カ月になった頃に妹のゆめ美《み》さん（仮名）が生まれてからは、イタズラはピークに達しました。まだ歯もはえないゆめ美さんの口に歯ブラシを入れてゴシゴシしたり、首もすわっていないゆめ美さんに体操をさせたりするので、桂子さんは、ゆめ美さんの首がすわってからは、一日中、背中にゆめ美さんをおぶって家事《かじ》をしました。

「育ちゃん！　もう、いい加減にしてちょうだい！」

イライラが募《つの》ると、ついつい手が出てしまいます。思いっきり平手《ひらて》打ちをしたら、育ちゃんの頬《ほお》が赤く内出血《ないしゅっけつ》してしまい、翌朝、保育園の先生に、「育ちゃん、ほっぺ、どうしたんですか？」と聞かれたこともあったそうです。

（育子さえいなければ……）

桂子さんは、何度そう思ったかしれないといいます。

一般に、ダウン症の子どもは分別《ふんべつ》がつくのが遅く、育ちゃんも就学前は、ギョッとするようなことばかりしでかしていました。そのたびに、桂子さんは怒鳴《どな》り、叩《たた》き、自己嫌悪《けんお》で落ち込んだそうです。

「私、間違《まちが》っていた！」

「もう、このままじゃ、だめだ」と思っていた桂子さんに、友人が一冊の本を届けてくれました。大川隆法《おおかわりゅうほう》総裁が書かれた『太陽《たいよう》の法《ほう》』です。育ちゃんが6歳になったばかりの1990年11月のことでした。

そこには、人生の目的と使命や、苦しみや悲しみの意味などが、わかりやすく書かれていました。桂子さんは感動して、ほかの大川隆法総裁の書籍《しょせき》も立て続けに読みました。

人間は永遠の生命を与えられ、あの世とこの世を転生輪廻《てんしょうりんね》している。親子や夫婦、親しい人たちとの縁は偶然でなく、生まれる前にあの世で約束してくる――。これまで疑問に感じていたことの答えが、全部書かれていたのです。

「私と育ちゃんも約束して生まれてきたんだ。妊娠中に聞こえた声は、育ちゃんの声……やっぱり錯覚《さっかく》なんかじゃなかった！」と確信し、ほどなく幸福の科学の信者となった桂子さんは、大川隆法総裁の話が録音されたテープを、家事をしながらずっと聴《き》きつづけました。そのなかには、障害を持って生きることの意味も、はっきりと説かれていました。

永い転生輪廻のどこかでは、誰もが一度は障害や病気のある体で生まれてくること。すべての人には「仏性《ぶっしょう》」（仏《ほとけ》の子としての性質）が宿《やど》っていて、障害があるからといって、決して魂《たましい》として劣《おと》っているわけではないこと。障害や病気を言い訳にせず、いかに魂（心）を磨《みが》くかが試されているということ……。

（私、間違《まちが》っていた……！）

そう気づいたとき、桂子さんは涙が止まりませんでした。育ちゃんのことを「社会の役に立つこともなく、手ばかりかかる子」と、心の隅《すみ》で思っていたことを深く恥《は》じたそうです。そして、あらためて、育ちゃんがとても優しい心を持っていることに気づいたといいます。

ほとんどの幼児は、オモチャやお菓子の取り合いなどをしますが、育ちゃんは一度もお友だちのものを取ったことがありません。それどころか、誰に言われずとも、自分から自分のものをほかの子に分けてあげていました。

また、桂子さんが疲《つか》れてソファでうたた寝《ね》をしていると、いつも枕《まくら》を持ってきてくれたり、黙《だま》って毛布をかけてくれたりしました。妹のゆめ美さんが叱《しか》られていると、育ちゃんも悲しくなるのか、しくしく、しくしく泣きました。

それに、育ちゃんは、一度もイライラしたり、怒ったりしたことがありませんでした。いつも人を笑わせ、周囲を明るくするのです。

桂子さんは、幸福の科学で学ぶことで、「私は、ほんとうに大切なものを見失いかけていた。神様が考える人間の価値は、頭のよさや能力、見かけだけで測れるものじゃないんだ」と気づき、育ちゃんの素晴らしいところを、より一層、発見できるようになったといいます。

大好きな妹

市立小学校の養護学級に入学した育ちゃんは、だんだん分別《ふんべつ》もつくようになり、２年生になる頃には、自分のことは自分でできるようになりました。

育ちゃんは、毎朝７時に起き、朝食を摂《と》り、きっちり７時55分には家を出て、桂子さんが運転する車で学校に向かい、帰りは一人で徒歩で帰宅します。判で押したような規則正しい毎日でした。帰宅後は、ビデオを見たり歌を歌ったり、一人芝居《しばい》をしたりします。

育ちゃんの一人芝居は、こんな具合だったそうです。

「いっちゃーん！　いっちゃんてば！」

「はいはい、何ですか？」

「いっちゃん、今日は何食べた？」

「ギョーザ！　あ、ギョーザじゃない、シュウマイ。シュウマイだよ」

ダウン症の人は、一人芝居をする人が多いそうです。会話力が2、3歳のレベルなので、人と普通に会話ができないストレスを、一人芝居で発散しているのかもしれません。

育ちゃんは、妹のゆめ美さんが大好きでした。小さい頃から、どこへ行くにも、「ちゃん（ゆめ美さんのこと）、行くよー！」と声をかけ、手をつないで一緒《いっしょ》に出かけていました。

ところが、育ちゃんが小学6年生、ゆめ美さんが2年生になった頃、育ちゃんはパタリとゆめ美さんと手をつなぐことをやめました。

育ちゃんは気づいたのでしょう。妹は、能力的には自分を追い越してしまったこと。だから、もう自分が面倒《めんどう》をみる必要がなくなったこと。妹には妹の世界ができたこと。それで、自分から身を引いて、ゆめ美さんと関わることをやめたのだと思われます。

その少し前から、育ちゃんは、自分がほかの人とは違っているということにも薄々《うすうす》気づいているように、桂子さんには感じられていたそうです。

育ちゃんが、ゆめ美さんの下着や靴下を取るようになったのも、ちょうど、その頃からでした。桂子さんは、最初、「妹への嫉妬《しっと》なのかな？」と思い、ゆめ美さんのものとまったく同じ色や柄《がら》のものを買ってあげましたが、やはりゆめ美さんのものを取って、自分で身につけてしまいます。

「ほんとうは、育子はずっと妹と一緒にいたかったのです。それで、妹のものを身につけて、一緒にいる気持ちになっていたのだと思います」と、桂子さんは言います。

ただ、その育ちゃんのほんとうの心がわかったのは、ずっとあとになってからのことだそうです。

「豚《ぶた》じゃないよ！　河童《かっぱ》だよ！」

養護学校の中学部に進んだ育ちゃんは、学級委員にもなり、クラスのリーダー的存在になりました。また、みんなを笑わせる人気者でもありました。

ところが、高等部に進学した9月、育ちゃんは不登校になりました。

先生に様子をたずねると、高等部になってクラスの人数が増え、育ちゃんよりも軽度の障害の子が入学してきて学級委員になったので、クラスでの育ちゃんの役割がなくなり、居場所を失ったように感じたようなのです。

ダウン症の人もウツになることがあるのですが、一般的には、「知能が低く自己認識ができないのに、どうしてウツになるの？」と思われがちです。

しかし、幸福の科学で、「障害があっても魂は完全」と学んでいた桂子さんは、「きっとダウン症の子も、一定の発達段階に至《いた》ると自分の立場がわかって、落ち込んでウツになるのではないか」と思ったそうです。

そこで、桂子さんは、育ちゃんに次のように話しかけました。

「育ちゃん、学級委員にはなれなかったかもしれないけど、育ちゃんは優しいし、おもしろいし、誰にもない持ち味を持っているんだよ。だから、育ちゃんは育ちゃんのままでいいんだよ」

すると、どうでしょう。育ちゃんは、その翌日から、学校に行けるようになったのです。桂子さんの話を理解できたのです。

それまで、「『魂は完全』といっても、肉体に入れば限界もあるのではないか？」と思っていた桂子さんでしたが、このとき、きちんと話せば、障害がある子も難しい話を理解できるということをはっきりと知ったといいます。

また、その頃、こんなこともありました。育ちゃんと桂子さんは、ある障害者と保護者のための会に参加していました。

ある日のこと、育ちゃんは、その会のボス的存在だった、障害のある年上の女性に「豚《ぶた》！」とののしられました。しかし、それに対して、育ちゃんは「豚じゃないよ！　河童《かっぱ》だよ！」と切り返したのです。その絶妙な切り返しに、その女性は育ちゃんに一目《いちもく》置くようになり、それからは、育ちゃんをとてもかわいがってくれるようになったそうです。

そのやりとりを見ていた桂子さんは、「知能指数は低くても、育子はほんとうは、とても賢《かしこ》い子なのかもしれない」と思ったそうです。

「育子は、やっぱりわかってる」

高等部を卒業すると、育ちゃんは作業所に通い始めました。作業所とは、障害によって働くことが困難な人をサポートする福祉施設《ふくししせつ》のことです。育ちゃんは、作業所でも、いつもおもしろく、人気者でした。

ある日の夕食時、桂子さんが、テーブルを囲んでゆめ美さんと他愛ない会話を交わしていると、ふと、育ちゃんが、自分が会話に入れないことを、とても寂《さび》しく残念に思っている気持ちが伝わってきたそうです。

そこで、「育ちゃんも、お母さんとゆめ美ちゃんのように話がしたい？」と桂子さんが聞くと、育ちゃんは「うん」と言いました。

桂子さんは、このとき、はじめて育ちゃんに、障害について話しました。

「育ちゃん、あなたはね、『ダウン症』っていってね、普通の人とは違う体を持って生まれてきたんだよ。でもね、あの世の天国に還《かえ》れば、普通の子に戻って、何でもわかる人になって、お母さんともたくさん話ができるんだよ。全部、育ちゃんが、自分で決めてきたことなんだよ。育ちゃんはがんばって生きてるよね。だから、あの世に還ったら、きっと神様が、たくさん、たくさん褒《ほ》めてくれるよ」

育ちゃんは、黙って聴《き》いていましたが、聴き終わると、とても吹《ふ》っ切《き》れたような表情をしたそうです。

「ああ、育子は、やっぱりわかってる」と感じ、桂子さんは、「障害があっても魂は完全」ということを強く確信したといいます。

生まれてはじめて大泣きした育ちゃん

育ちゃんが作業所に通い始めてから1年5カ月が経《た》った2004年8月下旬《げじゅん》、桂子さん、育ちゃん、ゆめ美さんは、そろって幸福の科学の精舎《しょうじゃ》を参拝しました。

そのとき、桂子さんは、なぜか、「どうしても、今日、育子に伝えておかなくてはいけない」と思い、育ちゃんに向かって話し始めたそうです。

「育ちゃん、ごめんね。お母さん、幸福の科学の教えを知る前は、育ちゃんのこと受け入れられなくて、いじめちゃったよね。ほんとうに悪いお母さんだったね。ごめんね、育ちゃん。でも、育ちゃんが生まれてきてくれて、お母さんの人生、変わったんだよ。お母さん、育ちゃんのこと、大好きだからね」

するると、育ちゃんは、桂子さんの肩《かた》に顔をうずめて、大きな声で、オイオイ、オイオイ泣き出しました。桂子さんもオイオイ泣きました。育ちゃんがそんな泣き方をしたのは、生まれてはじめてでした。生まれつき肺が悪かったため、大声で泣くことはできないと桂子さんは思っていたそうです。

それから4カ月後の12月16日、育ちゃんは呼吸不全で入院しました。18歳になった頃から、もともと悪かった肺の状態が悪化し、酸素を吸入するためのチューブをつけて生活していましたが、それがさらに悪化してしまったのです。医師からは、もう、2、3日の命だと告《つ》げられました。

そんな苦しい状態でも、病室にお見舞《みま》いの人が来ると、育ちゃんは息が苦しくてハアハアしながら、「お茶を出してあげて」と言います。医師や看護師が病室に来るたびに、一回一回、「ありがとうございます」とお礼を言いました。

そうした育ちゃんの姿を見て、桂子さんは、育ちゃんの純粋な心、限りない優しさを感じたそうです。

12月24日、クリスマスイブの早朝、

「育ちゃん、もし、天国から天使のお姉さんが迎えに来たら、そのときは、お母さんじゃなくて、そのお姉さんについていくんだよ」

桂子さんにそう言われて、育ちゃんは素直にうなずきました。

「もしかして、もう来ているの？」

育ちゃんはうなずき、ここに来ている、と近くを指《さ》しました。

（ああ、育ちゃん、もう逝《い》っちゃうんだね。もっともっと育ちゃんと過ごしたかった。お母さんもいつか、あの世に行くから、そのときいっぱい話そ

うね。さよなら、育ちゃん）

桂子さんは、心のなかで、何度も育ちゃんにお別れを言いました。

その日の午後、育ちゃんは安らかに天国へと旅立っていきました。

「あえて厳しい人生を選び、ダウン症という体で一生懸命《いっしょうけんめい》に生きた育ちゃん。いつも優しかった育ちゃん。人としてほんとうに大切なことは何かを教えてくれた。育ちゃん、20年間、ほんとうにありがとう」と、桂子さんは育ちゃんに最後のお別れを言いました。

家族の心を育てた育ちゃん

桂子さんは、当時のことを振《ふ》り返《かえ》り、こう言います。

「育子は、その名の通り、私たち家族の心を育ててくれました。私は、いつも穏《おだ》やかで優しい育子を見て、『ああ、自分もこんなふうにならなくてはいけないな』と思っていました。ゆめ美も、姉がダウン症であることをからかわれ、仲間はずれにされて、悩《なや》んだ時期もありましたが、いつも優しい育子に結局は助けられ、最後は、『育ちゃんがお姉ちゃんでよかった』と言っていました。私たちは、育子にたくさんのことを教えてもらいました」

実際、妹のゆめ美さんも、お姉さんの育ちゃんから大きな感化を受けていたようです。

ここで、ゆめ美さんが、育ちゃんの帰天式（葬儀《そうぎ》）のときに読んだお手紙を紹介したいと思います。

育ちゃんへ

育ちゃんと過ごした16年はほんとうにあっという間でした。

私がまだ小さい頃、育ちゃんは私の面倒をよく見ていたそうですね。私も育ちゃんのことを普通の優しいお姉さんだと思ってきました。

しかし、私が小学1年生のとき、育ちゃんが普通のお姉さんとは違うことに気づきました。

あるとき、育ちゃんを差別する友だちの態度が許せなくて、私は、一度だけ友だちに怒ったことがありました。私は正しいことを言ったつもりでしたが、それから私は友だちとうまくいかなくなって、小学6年生までずっとクラスで浮いた存在になってしまいました。家に人を呼べなくなったし、大切な友だちも失ってしまいました。

育ちゃんのことは純粋でいい子だと思っていました。しかし、それと同時に育ちゃんのことをまだ完全に受け入れられない自分もいました。

中学2年のときは、クラスが荒《あ》れていて、私にとってはつらい1

年間でした。そのとき、2日間、学校を休んだことがありました。私はそのとき、一人自分の部屋で泣いていました。

そうしたら、めったに2階に上がってくることのない育ちゃんが2階の私の部屋に上がってきて、泣きながら私にお好み焼きを持ってきてくれました。親には学校に行かないことを責められましたが、あのときは、育ちゃんだけが私の味方になってくれました。

思い返してみれば、育ちゃんはどんなときでも私のことを心配してくれた、そう思ったら涙が止まりませんでした。そして、今まで、育ちゃんのことを受け入れられなかった自分をとても後悔《こうかい》しました。

育ちゃんが亡《な》くなったときには、どうしてこんなに早く死ななくちゃいけないんだろう、もう少し長く一緒にいたかったと思いました。育ちゃんは、私たち家族だけでなく、まわりにいる人たちみんなの心を癒して、幸せにしていました。

私も育ちゃんのような人になりたい、そう思います。
私たち家族は育ちゃんのことを誇《ほこ》りに思っています。今までおつかれさまでした。
私たち家族のもとにうまれてきてくれて、ほんとうにありがとう。

妹　ゆめ美より

※本体験談は、「ザ・伝道」201号（幸福の科学刊）に所収された内容に一部加筆したものです。

障害児に託《たく》された聖《せい》なる使命とは

①人びとの優しい心、善なる心を引き出す

育ちゃんの存在は、桂子さんやゆめ美さんの人生に大きな影響《えいきょう》を与えました。育ちゃんの子育てに悩んだ桂子さんも、ダウン症の姉を受け入れられない時期があったゆめ美さんも、結局は、育ちゃんに癒され、大切なことを学んだといいます。

こうしてみると、第1章では、「魂修行という目的のために、あえて障害を持って生まれてくる」という話をしましたが、それだけではなく、「人びとによき影響を与える」という使命もあることが感じられるのではないでしょうか。

では、その使命とは、具体的に何でしょうか。

まず、人びとの「優しい心」「善なる心」を引き出すという使命です。

大川隆法総裁は、2014年2月11日に行われた法話《ほうわ》の際の質疑応答で、**「（障**

害者には）多くの人から『善なる心』を引き出そうとする使命が、実はあるのです」と述《の》べられています。

現代は激しい競争社会であり、たくさんの人が、他人と激しくライバル競争をするなど、殺伐《さつばつ》とした社会で仕事に埋没《まいぼつ》しています。しかし、そうした人であっても、学校の運動会などで、健常児に混《ま》ざってダウン症のお子さんが一生懸命走っている姿を見ると、思わず応援《おうえん》したい気持ちになるものです。その瞬間《しゅんかん》、心のなかにはあたたかいものがあふれ、勝ち負けや点数競争のことを忘れてしまいます。すべての人は神の子、仏の子であり、誰もが心の奥に「愛の心」を持っています。障害を持つ方の姿は、その優しい心にめざめるきっかけを与えてくれるのです。

②健康のありがたさを教える

また、彼らは、「健康のありがたさ」を教えてくれています。

大川隆法総裁の著書『じょうずな個性の伸《の》ばし方』には、**「人間は、障害児など何かが欠《か》けている人を見なければ、『自分は幸福である』ということがわからないものです。全員が健康で五体満足《ごたいまんぞく》だと、そのことに対して感謝の思いが全然起きないのです。（中略）障害のある子は、それによって自分が勉強するだけではなく、まわりの人にも勉強させているのです。つまり、先生役をしているわけです」**（102ページ）とあります。

私たち人間は、ともすれば、健康で五体満足であることを当然と思い、「あれも欲しい、これも欲しい」と高望みして、悩みをつくっています。神様は、そうした人間たちに、健康であることのありがたさを教えるために、一定の割合で、障害を持つ人を世に送り出されているというわけです。

障害を持つ方とそのご家族には大変なご苦労があると思いますが、それによってほかの人びとを導いてもいるのだということを知っていただきたいと思います。

障害を持つ方々は多くを語りませんが、多くの人びとにとってのよき教師にも

郵便はがき

料金受取人払郵便

赤坂局
承認

7320

差出有効期間
2025年10月
31日まで
(切手不要)

1 0 7-8 7 9 0

112

東京都港区赤坂2丁目10−8
幸福の科学出版(株)
読者アンケート係 行

ご購読ありがとうございました。
お手数ですが、今回ご購読いただいた書籍名をご記入ください。

書籍名

フリガナ お名前	男・女	歳
ご住所 〒　　都道府県		
お電話(　　　)　—		
e-mail アドレス		
新刊案内等をお送りしてもよろしいですか? [はい(DM・メール)・いいえ]		
ご職業 ①会社員 ②経営者・役員 ③自営業 ④公務員 ⑤教員・研究者 ⑥主婦 ⑦学生 ⑧パート・アルバイト ⑨定年退職 ⑩他(　)		

プレゼント＆読者アンケート

皆様のご感想をお待ちしております。本ハガキ、もしくは、右記の二次元コードよりお答えいただいた方に、抽選で幸福の科学出版の書籍・雑誌をプレゼント致します。

（発表は発送をもってかえさせていただきます。）

1 本書をどのようにお知りになりましたか？

2 本書をお読みになったご感想を、ご自由にお書きください。

3 今後読みたいテーマなどがありましたら、お書きください。

ご感想を匿名にて広告等に掲載させていただくことがございます。

ご記入いただきました個人情報については、同意なく他の目的で使用することはございません。


ご協力ありがとうございました！

なっていることは間違いありません。

障害児としての人生、障害児を育てる人生は、当事者にとっては大変ですが、ハンディに負けずに一生懸命生きる姿は、ほかの人びとを感化します。それは、苦労の多い人生を生きた偉人《いじん》たちが、後世《こうせい》の人びとに感動を与えることに似ています。

争いに疲れた人びとを癒《いや》す「天使」

また、障害児と触れ合って心が癒《いや》された、という人は数多くいます。障害児は、ただありのままでいるだけで、まわりの人たちに癒しを与える天使のような存在です。

どのような立場の人であっても、障害児の姿を見ると、何とも言えない不思議な気持ちに打たれると思います。障害児の一生懸命生きる姿を見て、「これまでの自分はいったい何をやってきたんだろう？」と疑問が生じ、人生を振り返ることさえあるのではないでしょうか。

私の長男が養護学校の高等部に通っていたとき、学校に「チャレンジャーリーグ」という障害児の野球リーグについて説明に来た人がいました。野球をやってみたい子は、いつでも来てくださいというお誘いです。

その方は、温厚そうに見えましたが、とても強いリトルリーグチームの監督《かんとく》さんでもあり、以前は、小学生相手に「世界を目指せ！」と檄《げき》を飛ばしてきた、自他ともに認める〝鬼《おに》〟監督だったそうです。

ところが、はじめてアメリカでチャレンジャーリーグの試合を見たとき、頭をガーンと殴《なぐ》られたようなショックを受け、以来、日本にチャレンジャーリーグを広めていく活動をするようになったそうです。

「足の悪い子が、ダイヤモンドを一周する間、スタンドから声援《せいえん》が鳴りやまないんです。自分の子であるかないかなんて関係ありません。義足《ぎそく》をつけた子の一周は結構な時間がかかりますが、その間、ずっと声援が鳴りやまない。本人も、声援をあびながら、ものすごく誇らしい顔で悠々《ゆうゆう》と走ってホームベースを踏《ふ》むんです。これには、参りました。自分は何をやってきたんだろうと、野球人生を考え直しました」

この監督さんの言葉を聞いたとき、私は、「この方も、障害児と触れ合って心が癒されたのだろうな」と感じました。

スポーツの世界では、みんなが勝負に勝とうとしてがんばります。勝負に勝つことは、「弱い自分に打《う》ち克《か》つこと」でもあります。だからこそ価値があり、青少年の育成にスポーツが推奨《すいしょう》されるのです。

しかし、強豪《きょうごう》チームとなり、負けが許されない状況になってくると、さまざまなプレッシャーで心が疲れてしまうこともあります。この監督さんも、ふだん、たくさんのプレッシャーと戦っていたのではないでしょうか。また、勝利のために、子どもたちにも負荷《ふか》をかけ、ときには「なぜできないのか！」と叱責《しっせき》したりもしたことでしょう。

勝利への執念《しゅうねん》。子どもたちへの尽《つ》きない要求。そうしたものを追いかけてきたその監督さんにとって、障害のある体で一生懸命がんばっている子どもたちの姿は、まさにカルチャーショックだっただろうと思います。他人と比べて強いか弱いかではなく、自分の持てる力を最大限出しきってプレーする喜びを、全身で表現する障害児たちを見て、「こんな野球があるのか……」と心が震《ふる》えたに違いありません。そして、次第に、勝たねばならない重圧から解放され、心が癒されていったのだと思います。

先ほど紹介した育ちゃんの妹のゆめ美さんの手紙のなかにも、「お姉さんは、まわりの人を癒していた」ということが書かれていました。ゆめ美さんも、きっと、一生懸命に生きている育ちゃんの姿を見て、人間関係などで疲れた心が癒されていたのではないでしょうか。

「あなたは天使！」というメッセージに込めた願い

このように、障害を持った人たちは、まわりの人びとによき感化を与えています。障害を言い訳にせず、そのなかで精いっぱい生きる姿を示すことで、実は、「まわりの人びとの心を癒したり、健全にしたりする」という、神様の仕事の一部をしているのです。だからこそ、天の使い、天使なのです。

「ユー・アー・エンゼル！」とは、日本語で「あなたは天使！」という意味ですが、これは気休めで言っているのではありません。また、天使という言葉によって、障害がある人の厳しい現実を美化《びか》しようとしているのでもありません。

障害がある人は、支援を受けるばかりで、社会にお返しをしていないように見えるかもしれませんが、実は、一生懸命生きている姿を示すことによって、まわりの人に感化を与えたり、癒しを与えたりしているのです。

障害児たちは、一見、助けられる側に見えながら、実は、「多くの人たちを助ける」

という役割を果《は》たしています。それは、「人びとの心を救済する天使」の役割とも言えます。そうした意味を、私たちは「ユー・アー・エンゼル！」というメッセージに込めているのです。

私たちは、これからも、一人でも多くの障害を持った方々に、この「ユー・アー・エンゼル！」というメッセージをお届けしたいと思っています。

第3章

適切な教育によって能力を伸《の》ばせる

四　彼《かれ》らは、他の子どもたちと同じように、適切な教育によって能力を伸《の》ばしていきます。

大切にしたい三つの心がけ

この章では、学齢期《がくれいき》にある障害児にとって、どのような教育が効果的なのか、ということをお伝えしたいと思います。

まず、親御《おやご》さんや支援者《しえんしゃ》の方々に大切にしてほしい心がけを三つあげたいと思います。

① 子どもを白紙《はくし》の目で見る

一つ目は、「子どもを白紙《はくし》の目で見る」ということです。

障害のある子には、診断名《しんだんめい》や、発達検査の結果、個人的なクセや特徴《とくちょう》など、いろいろな情報がついてまわります。しかし、「ユー・アー・エンゼル」では、そうした情報をいったん白紙に戻《もど》して、その子のありのままの魂《たましい》と向き合うように心がけています。

私がはじめて関西《かんさい》地区の「ユー・アー・エンゼル」の集いに参加したときのことです。高校生の自閉症《じへいしょう》の男の子がやって来ました。その子は、一人で本を読みたかったようで、みんなが座《すわ》っているテーブルではなく、部屋の壁面《へきめん》にある本棚《ほんだな》の前をウロウロしていました。私は、お母さんたちと話をしながら、彼《かれ》のほうをときどき見ていました。お母さん同士の話が一段落し、休憩《きゅうけい》時間となり、ほんの一時《いっとき》、その部屋に彼と私が二人だけになったときのことです。

彼が読んでいた本をパタリと閉じて、「ふうっ」とため息をついたので、私は思わず、「たくさん読んで疲《つか》れましたか?」と声をかけました。すると、ごく自然なタイミングで「はい」と返事が返ってきました。

帰る時間になり、私が、「また会いましょう。学校でもがんばってください」と挨拶《あいさつ》をしたら、彼は、さっきと同じように返事をしました。その後、様子を見ていた現地スタッフ、ボランティアの人たちが次々と、「あの子、しゃべれるんだね!」

「私が話しかけたときは返事をしなかった！」と言い出して、私は逆にびっくりしてしまいました。ふだんの彼を知らない私が、先入観なく声をかけたのがよかったのかもしれません。

ほかにも、こんなことがありました。東海《とうかい》地方での集いのとき、てんかん発作《ほっさ》でよく倒《たお》れるお子さんを連れて、相談に来たお母さんがいました。確かにそのお子さんは、歩き方が不安定で、転んだときの衝撃《しょうげき》を避《さ》けるために顎《あご》を支える装具をつけています。お母さんが相談している間、その子は畳《たたみ》の部屋で横になったり、座っておやつを食べたりしながら過ごしていました。

対応したスタッフは、「お母さんは『またいつ倒れるか』といつもハラハラして、そのことばかり考えているようです。その思いがお子さんに投影《とうえい》されているような気がします」と言っていました。そのスタッフは、当時、「ユー・アー・エンゼル」のボランティアを始めたばかりの人でした。

帰る頃《ころ》になって、車に乗せようとしたとき、その子は車の前でヘナヘナとしゃがみ込《こ》んでしまいました。お母さんは抱き起こそうとしたのですが、そのスタッフが「あれ？　立てるよね？」と片手でちょっと補助したら、その子はほんとうに立ってしまったのです。

そのときも、先入観のない関わり方で、このようなことが起きてしまうのかと感心しました。

「子どもを白紙の目で見る」とは、まさにこういうことです。

専門知識や経験がある方、あるいは、愛情あふれる親は、えてして、知識ゆえの、愛情ゆえの先入観を持ってしまうものです。これは決していけないことではないのですが、ときとして、子どもの真実の姿をくらませて、子どもの可能性の芽を摘《つ》み取ってしまうことにもなります。

また、次の章で詳《くわ》しく述《の》べますが、障害児と言われる子どものなかには、「天才児かも」と思われる子もいます。診断名などで先入観を持ってしまうと、その子の素晴らしさが引き出せずに終わってしまうこともあるので、注意したいものです。

②悩《なや》みや心配を捨て、ありのままのわが子を愛する

二つ目は、「悩《なや》みや心配を捨て、ありのままのわが子を愛する」ということです。第1章で述べたように、障害があっても、魂は完全です。彼らは、まわりの人たちの会話や行動、感情をすべて感じ取っています。自閉症の東田直樹《ひがしだなおき》さんも『自閉症の僕《ぼく》が跳《と》びはねる理由』（前掲《ぜんけい》）のなかで、次のように述べています。

「側《そば》にいてくれる人は、どうか僕たちのことで悩まないで下さい。自分の存在そのものを否定されているようで、生きる気力が無くなってしまうからです。僕たちが一番辛《つら》いのは、自分のせいで悲しんでいる人がいることです。自分が辛いのは我慢《がまん》できます。しかし、自分がいることでまわりを不幸にしていることには、僕たちは耐《た》えられないのです」

この記述を読むと、まわりの人の苦しみや悲しみ、悩みの思いが、彼らにも伝

わっているということがわかります。ですから、ご家族が、お子さんの障害のことで悩んだり、先々のことまで心配するのはある程度避けられないことではありますが、できればその時間を短くしていくよう努力されたほうがいいと思います。彼らも一定の年齢になると、自分が迷惑《めいわく》をかけていることを知って、悩み始めます。障害児にも、そうした心の成長があるのです。そのため、障害がある子どもの教育にあたっては、健常の子どもたちの精神衛生に配慮《はいりょ》するのと同じく、心配や悩みのタネをつくらせない配慮も大切です。

子どものことで悩まないというのは、逆に言えば、「ありのままのわが子を愛する」ということです。

「ありのままを愛する」ということのなかには、「障害を受け入れる」という意味も一部ありますが、これはまだまだ表面的な意味合いでしかありません。ほんとうの意味で「ありのままのわが子を愛する」とは、障害の奥《おく》にある「魂の輝《かがや》き」を発見することであると思います。

これまで繰《く》り返《かえ》し述べてきたように、彼らは、人生の目的と使命を持って、障害のある人生を生きています。そこで一度、「わが子は、地上に生まれる前、あの世でどのような決意をしてきたのか」ということをイメージしてほしいのです。「あえて厳しい環境《かんきょう》のなかで、魂を磨《みが》きたい」「過去世《かこぜ》での宿題をクリアしたい」「ハンディをものともせず立派な人生を生きて、人々に勇気と希望を与えたい」など、それはそれは尊い思いに満ちていたはずです。そして今も、その光り輝くような決意は、お子さんの魂に宿《やど》っているはずです。

その魂の輝きが見えたならば、「ありのままのわが子を愛する」ということができるようになるのではないでしょうか。

③過去にとらわれず、成長を信じる

三つ目は、「過去にとらわれず、成長を信じる」ことです。

先ほども述べたように、障害児には、診断名をはじめ、「以前はこうだった」という過去の情報がいつまでもついてまわります。

健常児であれば、多少のイタズラやトラブルがあっても、「大きくなるにつれ、そうしたこともおさまっていくだろう」と見てもらうことができます。しかし、障害児の場合は、なぜか、それが悪化していくようにとらえられてしまうことが多いのです。

また、医療《いりょう》機関などでは、よく「これ以上悪くしないように、がんばっていきましょうね」と声をかけられます。優《やさ》しい言葉なのですが、この言葉を何度も聞かされていると、潜在《せんざい》意識には「放っておくと悪くなる」という刷《す》り込《こ》みがされてしまいます。

序章に登場した安部清子《あべきよこ》さんが、あるとき、こんなことを言われました。

「障害児も、成長するんじゃろうか?」

息子の昴《すばる》くんが奇跡的《きせきてき》な成長を遂《と》げたことに対して、誰《だれ》よりもそのことを実感し、喜んでいると思われた清子さんが、こんなことをポツリとつぶやいたことが、とても意外でした。「実際に、昴くんは成長しているじゃないですか」と私が言うと、「けど、病院では、これ以上悪くせんようにって、いつも言われるんじゃけどな……」と言いました。

清子さんのような体験の持ち主でも、このように思ってしまうのですから、繰り返し聞かされる言葉は、心に大きな影響《えいきょう》を残すということがおわかりでしょう。

確かに病気が進行するのを食い止めるのが医療の使命ですから、「これ以上悪くしないように」という言葉には一理あります。また、お医者さんは、安易に「治《なお》る」「よくなる」とはおっしゃらず、逆にリスクについての話はていねいにしてくれるものです。

しかし、お医者さんはあくまで肉体や病気を調べて、そのような見解を出しているのであり、障害児の「魂の成長」について言及《げんきゅう》しているわけではありません。

それに対して「ユー・アー・エンゼル」では、「障害があっても魂は完全で、魂は成長することを求めている」と考えています。

ですから、過去、何らかの診断を受けて所見を示されたことを、悩みすぎてはいけません。確かに健常児と同じようにはいかないかもしれませんが、子どもの成長を信じ、「あなたも成長できる」「期待している」と思って接することが大切だと思います。

たとえば、発達障害や自閉症と診断が出ている子の場合、がんこだったり、融通《ゆうずう》がきかなかったりすることが多いのですが、親や支援者が決して見放《みはな》さず、ともに過ごす時間を大切にしていると、徐々《じょじょ》に寛容《かんよう》さが身についてきます。

そして、中学2年生くらいになると、客観的に自分の過去を振り返ることができるようです。ある男の子は、発達障害の診断を受けていて、こだわりが強く、人間関係づくりが苦手でしたが、中学2年生のとき、「人には人の事情があるとわかった」と自分から話してきました。話ができない自閉症の子でも、この年頃になると、「自分は勝手なことをしていたなあ」とか「人の言うことを聞かないといけないなあ」といったことを感じ出すようで、態度が変化してきます。

お母さんはわが子を見て「この聞き分けのない子が、大きくなって、ますます手に負えなくなったらどうしよう」と考えやすいものです。しかし、実際にはよいこともたくさん起こります。年齢とともに分別《ふんべつ》がついてくる子、熱中できるものを見つけて落ち着いていく子、集団教育のなかで仲間とともに成長していく子がほとんどです。ですから、あまり過去にとらわれすぎず、子どもの成長を信じてあげてください。

以上が、教育の前提となる、三つの心がけでした。

次に、「ユー・アー・エンゼル」で大切にしている、教育の内容についてお伝えしたいと思います。

「ユー・アー・エンゼル」の教育（1）
仏法真理《ぶっぽうしんり》を教える

仏法真理《ぶっぽうしんり》とは人類に共通する普遍的《ふへんてき》なルール

仏法真理《ぶっぽうしんり》とは、仏の心、神の心を説《と》いたものであり、人類に共通する普遍的《ふへんてき》なルールです。釈迦《しゃか》やイエス・キリスト、孔子《こうし》、ソクラテス、ムハンマド（マホメット）など、過去、地上に生まれたさまざまな偉人《いじん》たちが説いてきた珠玉《しゅぎょく》の教えも、仏法真理です。また、仏法真理は、宗教だけの〝専売特許《せんばいとっきょ》〟ではなく、哲学《てつがく》や学問などにも流れています。

「ユー・アー・エンゼル」は、冒頭《ぼうとう》で触《ふ》れたように、幸福の科学の教育事業から生まれたボランティア運動ですので、運動が始まった当初、「仏法真理を障害児に教えたい」という声があがりました。それについて、さまざまな意見が出され、そのなかには、「障害のある子に、難しい教えはわからない」「教えている間、じっとしているはずがない」「ストレスを与えることになるのではないか」など、懐疑《かいぎ》的《てき》な意見もありました。

しかし、私は、長男を育てた経験から、仏法真理は、障害のある子どもたちにとって難しいものでも、ストレスになるものでもないことを確信していました。それどころか、理屈《りくつ》で説明しても伝わらない場面で、仏法真理が伝わったことが何度もありました。たとえば、「なぜけんかをしてはいけないか」ということを教えるとき、「相手の子が嫌《いや》がっていたでしょう」とか、「みんなに迷惑をかけてはいけないんだよ」などと言っても聞こうとしなかった長男が、「みんな神様の子どもだから、けんかをすると神様が悲しむんだよ」と言ったら、すんなり納得《なっとく》してくれたことがありました。

先ほど、障害児であっても魂は健常者と同じく完全であり、成長したがっているという話をしましたが、彼らも、心の深いところでは、人間としての生き方を教えてくれる仏法真理を求めているのだと思うのです。

ここで、仏法真理を学ぶことによって顕著《けんちょ》な成長を遂げたお二人を紹介《しょうかい》したいと思います。

レポート②

言葉が増え、身体症状《しょうじょう》も改善した大久保美咲《みさき》さん

はじめて会った頃の大久保美咲《みさき》さん（当時中学1年生）は、車いすに乗り、上半身が前に倒れていました。側彎《そくわん》といって、背中の骨がS字に湾曲《わんきょく》していて、上半身を起こして座っていることができません。前におじぎしたような姿勢にすぐになってしまうため、胸のところにバンドをして車いすの背にくくっておくのですが、すぐにおじぎの姿勢に戻ってしまいます。

知的な遅《おく》れもあり、どこで覚えたのか、「うるさ～い」という一言をタイミングよく発しては、周囲に反応《はんのう》していました。それが、私がはじめて会ったときの美咲さんの様子です。

美咲さんとお母さんの登代子《とよこ》さんは、毎週土曜日に「ユー・アー・エンゼル」の学習会に参加していました。登代子さんは、美咲さんにどんな学習をさせたらよいかで悩んでいました。自分で読み書きすることができないので、登

代子さんが絵本の読み聞かせをしているとのことだったので、あるスタッフは、こんな提案をしました。

「いっそ『仏陀再誕《ぶっださいたん》』の読み聞かせをしたらどうですか？」

『仏陀再誕』は、大川隆法《おおかわりゅうほう》総裁の著書で、仏教の精髄《せいずい》がわかりやすく説かれています。中学生には少し難しいところもありますが、詩編のような流れのある言葉で書かれていて、一定のリズムがあるので、美咲さんに伝わりやすいのではないかと、そのスタッフは考えたようです。

また、幸福の科学の仏法真理《ぶっぽうしんり》塾《じゅく》「サクセス№1」（※）に通《かよ》う塾生が、大川隆法総裁の著書を精読《せいどく》したところ、国語力が伸《の》びたという話もよく聞いていたので、私も、その読み聞かせは、美咲さんの言葉の力を伸ばすことにつながるのではないかと思いました。

登代子さんは、「難しくないでしょうか？」といったんは言ったものの、「一度やってみましょうよ。きっと大丈夫ですよ」というスタッフの言葉に

※幸福の科学が運営する信仰教育機関。信仰教育・徳育にウエイトを置きつつ、将来、社会人として活躍するための学力養成にも力を注いでいる。

励《はげ》まされ、読み聞かせを定期的に続けることになりました。

１年後、美咲さんと再会したのは、「ユー・アー・エンゼル」の夏合宿でした。合宿場所は、聖地《せいち》・四国正心館《しこくしょうしんかん》という、徳島県にある幸福の科学の研修施設《しせつ》です。

当日、現れた美咲さんを見て、スタッフ一同は驚《おどろ》きました。なんと、美咲さんは車いすを手で押《お》しながら、自分の足で歩いて来たのです。背筋も以前よりシャンとしています。表情がとても明るく、うれしそうな顔をしています。

そして、言葉が増えていました。館内に入った美咲さんは、しきりに「本読む？」とスタッフに聞いてきました。聞かれたスタッフが、「本読むよ。あとでたくさんお勉強をしますよ」と言ったら、絶妙《ぜつみょう》なタイミングで「あちゃ～」と言って、おでこをたたいたそうです。

私が、登代子さんに、「みいちゃん（美咲さんのこと）、すごく変わりましたね！」と言うと、「『仏陀再誕』の読み聞かせをしてみたらと言われたときは、正直、難しくて美咲が嫌がるのではないかと思ったのですが、そんなことはありませんでした。絵本からそちらに替《か》えて、読み聞かせを続けてきてよかったです」「主治医《しゅじい》の先生や、デイサービスのスタッフから『言葉が増えましたね。土日に何か特別なことをやっていますか？』と、よく聞かれるんです」と、うれしそうに答えてくださいました。

そこに正心館の職員さんが近づいてきて、「研修室は2階になります。エレベーターがないのですが、車いすの方はどうされますか？」と聞いてきました。私が返答にとまどっているうちに、此寺妥輝子《このてらたきこ》さんという岡山の支援者の女性が、「大丈夫です。私が介助《かいじょ》して、美咲ちゃんに階段を上らせます」と、あっさり答えていました。

実際、いとも簡単に、美咲さんは2階まで上がっていきました。両脇《りょうわき》を支えられていたこともありますが、自分の足で歩こうという、美咲さんの意志が強く感じられました。

研修室では、お母さんの隣《となり》に座って、一緒に講師の話を聞いていました。美咲さんには、自分の頭をたたく自傷行為《じしょうこうい》がありましたが、それも1年前よりぐっと減っていました。

美咲さんは、学生ボランティア（当時）の上田あすなさんのことが気に入ったようで、しきりに「せんせい」と声をかけていました。上田さんも美咲さんのことを「みいちゃん」と呼び、二人はとても仲良く過《す》ごしていました。美咲さんは、自分から好んで他人に触《ふ》れることは、ふだんほとんどないそうなのですが、上田さんには、自分から手を伸ばして、自然に手をつないでいました。上田さんと過ごす間、美咲さんはずっと笑顔でした。

言葉が増え、笑顔が増え、意欲的になり、コミュニケーションも取りやすくなり、美咲さんは、誰の目にも明らかな成長をしていました。

合宿2日目、バスに乗って、幸福の科学の脇町《わきまち》支部《しぶ》精舎《しょうじゃ》を訪問したときのことです。美咲さんと登代子さんは、みんなより先にバスを降りて支部に入り、礼拝室《れいはいしつ》の椅子《いす》に座って待っていました。あとから降車した人たちが次々と礼拝室に入ってきます。美咲さんはドアのほうをじっと見て、上田さんが入ってくるのを待っているようでした。

上田さんの姿が見えると、「せんせい！」と言って、椅子から一人で立ち上がりました。そして、うれしそうにタッタッタッと自力で歩いたのです！

いつもは介助が必要な美咲さんが、突然《とつぜん》、自力で立ち上がり、しかも歩いたことに、周囲はびっくりしました。

この美咲さんの話は、後々、「車いすの少女が立ち上がった奇跡《きせき》」として、幸福の科学の月刊誌などで数多く取り上げられました。以来、「ユー・アー・エンゼル」の夏合宿は「奇跡の合宿」と評判になり、年々参加者が増えています。

さて、美咲さんの話には、まだ後日談があります。合宿の6カ月後、コルセットのつくり直しのためにレントゲンを撮《と》ったら、S字だった背骨がまっすぐになっていたのです。言葉もさらにさらに増えていました。

美咲さんがあまりに成長したので、登代子さんは、美咲さんが通う支援学校で「土日にどんなことをしているんですか？」と、先生方によく聞かれるそうです。また、担任の先生は、「うちのクラスに、とても伸びた子がいるのよ！」と、美咲さんのことを隣の支援学校で自慢《じまん》していたそうです。

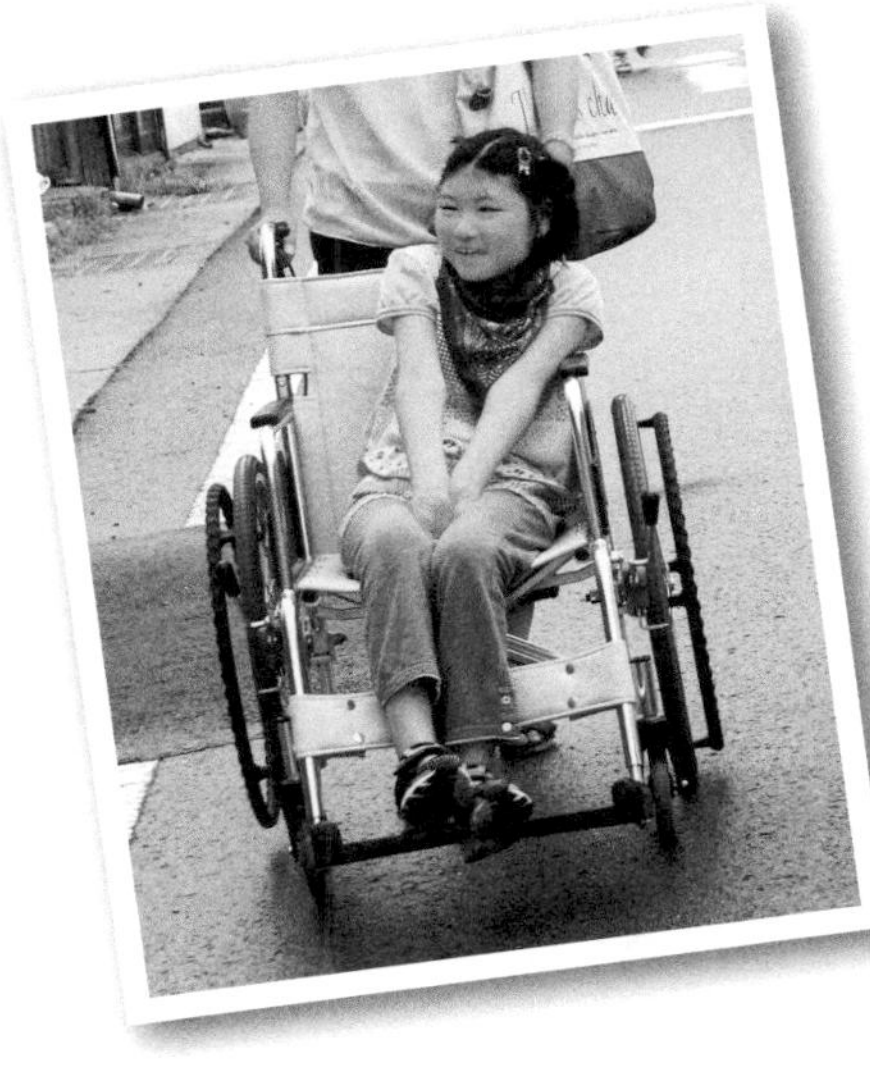

レポート③

自閉症だったのに会話できるまでに成長した塩田健人《しおたけんと》くん

3歳《さい》で自閉症と診断された塩田健人《しおたけんと》くん（当時高校2年生）は、数年前から「独り言《ひとりごと》」が激しくなり、一日中ブツブツ言うので、ご家族は頭を抱《かか》えていました。

2年ほど前に、「ユー・アー・エンゼル」に連絡《れんらく》をいただき、塩田さん一家が住む四国にスタッフが行ったときに相談をお受けしました。このままでは、高校卒業後、受け入れてもらえる施設がないのではないかと、ご両親は悩んでいました。そんな折、２０１３年に行われた夏合宿に家族3人で参加してくれたのです。

合宿参加者は初対面の人がほとんどなので、健人くんも、お父さんもお母さんも、少し心配そうな表情でやって来ました。

合宿中の健人くんは、いつになく静かで、お母さんはいつもと違《ちが》う健人くんの様子に驚いていたそうです。しかし、そうは言っても、みんなの輪に入らず、聞こえてきた声をオウム返しに言ってみたり、見えたものの名前を繰《く》り返《かえ》しつぶやいたりと、自閉症の子にありがちな言動《げんどう》を取っていました。

それでも、2日目になると、リラックスしてきたようでした。ご両親は、「ユー・アー・エンゼル」の考え方をあらためて学び、感動し、よい仲間と出会えたことを、大変喜んでいました。そして、帰る頃には、来たときよりもずっと明るい表情になっていました。健人くん本人は、相変わらず人の輪から遠いところにいましたが、それでも私が「さようなら、また会いましょう」と握手《あくしゅ》を求めたら、指先だけの握手をしてくれました。

合宿滞在《たいざい》の2日間を見る限り、健人くん本人よりも、ご両親の変化が大きかったように、私には感じられました。

ところが、合宿後、自宅に戻ると、今度は、健人くんのほうに変化が起きてきました。それまでご両親が、幸福の科学の御本尊《ごほんぞん》に向かって合掌《がっしょう》・拝礼するように言っても、することがなかった健人くんが、毎朝、登校前に自分から手を合わせるようになったのです。また、大川隆法総裁の法話《ほうわ》のCDをかけていると、止めてしまうことが多かった健人くんが、自分から進んでCDをかけ、それればかりか覚えて諳《そら》んじるようになっていきました。悩みの夕ネだった独《ひと》り言《ごと》も、ほとんどなくなりました。

それまで仕事最優先だったお父さんも、自ら「ユー・アー・エンゼル」の四国地区の代表を買って出るなど、活動に積極的になり、家のなかの雰囲気《ふんいき》が、健人くんの変化をきっかけとして、どんどん明るくなっていったそうです。

1年が経《た》ち、塩田さん一家は夏合宿に二度目の参加をしました。このとき、すでに健人くんは別人のように変わっていました。

自分から子どもたちの輪にも、大人たちの輪にも、抵抗《ていこう》なく入っていき、屈託《くったく》なく話しかける姿に、スタッフはびっくりしました。中学生の男の子と女の子が話しているのを見て、「あの二人はつき合っているのか？」と質問したり、大人たちが話している輪に入って、ある人の発言を聞き、「う〜ん、たいしたものだな〜」と感想を述べたり、私が「健人くんはすごく変わったよね」と言うと、椅子からスクッと立ち上がって、「そうだ、俺《おれ》は変わったんだ！」と答えたことにもびっくりしました。一つ一つのコメントがマンガのセリフのようでおもしろく、健人くんらしさが表れていました。

実用的な会話もできました。「健人くん、その資料どこにあった？」「ああ、あっちでもらいました」「あっちって、受付のこと？」「はい、そうです」といった具合です。

1年前、お父さんの横顔を見ながら、「耳、耳、耳、耳……」とずっとつぶやいていた健人くんとは、まったく違います。

合宿の4カ月後には、漫才《まんざい》のネタを覚えて披露《ひろう》するまでになりました。相方の男の子と一生懸命《いっしょうけんめい》ネタ合わせをし、イベントを盛り上げる健人くんの姿は、とても自閉症とは思えませんでした。前述の此寺さんは、障害者支援施設に勤務する介護福祉士《かいごふくしし》さんですが、「自閉症の方がこんなふうに変わるなんて、これまで見たことありません。こんなことがあるんですね！」と感心していました。

２０１５年春、健人くんは高校を卒業し、今は作業所に通っています。ご両親が最初に「ユー・アー・エンゼル」に相談に来られたとき、「このままだと高校卒業後、受け入れてもらえるところがないかもしれない」と心配していたことが嘘《うそ》のようです。

美咲さんと健人くんの例に共通しているのは、大川隆法総裁の書籍《しょせき》や法話CDの内容を、繰り返し子どもが聞いているということです。仏法真理を学び、「人間は神仏《しんぶつ》の子であり、いつも神仏が優しく見守ってくださっていること」「人生は一冊の問題集であり、それを解《と》くことが魂の力となること」を知り、心のなかに生きる希望とやる気が生まれたのではないかと思います。心と体は連動しています。心が明るく前向きになったことで、体にも、よい影響が出たのではないでしょうか。

仏法真理は魂にストレートに届く

キリスト教の聖書、イスラム教のコーラン、仏教のお経など、いずれの聖典にも共通しているのは、言葉に一定のバイブレーションがあることです。日本には、「言葉に神が宿《やど》る」という考え方があり、それを「言魂《ことだま》」と言ったりします。

普通《ふつう》のコミュニケーションでは、文字や言葉を理解する際、左脳《さのう》的処理がなされていると言われていますが、言魂のある仏法真理は、感動や感激を伴《ともな》いながら、魂にストレートに伝わっていきます。

実は、私も、長男の認知のしかたについて、ずっと不思議に思っていたことがありました。

小さい頃の長男は、大川隆法総裁の法話が収録されたビデオを観《み》るのが大好きで、2歳頃から毎日何度もビデオを再生して観ていました。私としては、大事にしまっておきたいものだったので、何度も観られてボロボロになっていくビデオを、忍《しの》びない気持ちで見ていたものです。どこにしまっても、いつの間にか見つけ出し、ビデオデッキで再生してしまいます。

あらゆるものを見ていましたが、なかでもお気に入りは、東京ドームで行われた講演「悟《さと》りの時代」と「空《くう》と阿羅漢《あらかん》」でした。

そのうちに、法話の内容や、大川隆法総裁の身振《みぶ》り手振《てぶ》りをそっくり覚えて、完全コピーするようになりました。そのときは、正直に言って、小さい子どもがヒーローものの主人公になりきって遊ぶのと変わらない感覚なのかなと思っていました。

それからしばらくして、3歳児検診《けんしん》があったり、保育園に通ったりするなかで、長男には言葉の遅れがあるかもしれないと思うようになりました。その後も、引っ越《こ》した先の幼稚園《ようちえん》で、障害児保育への切り替えを勧《すす》められ、保健所の二次検診で障害の判定をしてもらうよう言われるなど、私にとっては気の晴れないことが続きました。6歳の就学前検診は問題なくパスしたものの、小学生の勉強はなかなか定着しませんでした。

小1の国語でつまずいていた長男が……

国語の読解は特に苦手だったようで、1年生の初歩の問題が、3年生になっても理解できません。読解問題といっても、あひるときつねが出てきて、一言ずつ会話した短い文章に、「〇〇〇といったのはだれですか」という問題で、答えは「きつね」というものです。これが解けないのです。文章が単純明快すぎて、何をどう説明したらいいかわからず、私は途方《とほう》にくれました。

それからしばらくして、ある日、ふと思い立って、長男が以前から大好きで暗記している「悟りの時代」と「空と阿羅漢」を、どれくらい正確に覚えているのか試《ため》してみたい気持ちになりました。「こうちゃん（長男のこと）、総裁先生のお話をして」と頼《たの》み、私は手元に講演録の冊子《さっし》2冊を用意して突《つ》き合《あ》わせてみました。思った通り、長男の記憶《きおく》は正確でした。内容も抑揚《よくよう》もテンポもほぼ同じでした。ただ、ここまでは、想定内のことでした。

次に、こんな質問をしてみました。

「ねえ、こうちゃん、上座部《じょうざぶ》と大衆部《だいしゅぶ》が分かれたのを、何て言う？」

仏教教団は、お釈迦《しゃか》様が亡《な》くなられてから100年ほど経つと、大きく二つのグループに分かれました。「上座部」とは戒律《かいりつ》を厳格に守っていこうとするグループ、「大衆部」とは進歩的で自由な気風《きふう》を持ったグループのことで、この二つに分かれたことを「根本分裂《こんぽんぶんれつ》」と言います。いずれも仏教の専門用語で、「空と阿羅漢」に出てくる言葉です。

「あひるときつねのやりとりさえピンと来ない長男に、私は何を質問しているのだろう」と自分をおかしく思いながら、「でも、もしかしたら……」というわずかな期待もしていました。

長男からは、すぐに答えが返ってきました。そのときの長男と私のやりとりは、こんなふうでした。

「……ぶんれつ」

「え？」

「ぽんこんぶんれつ」

「すごい、よくわかったね！　でも、ほんとうは、こんぽんぶんれつだよ」

「あ、間違《まちが》っちゃった。根本分裂か……」

不思議でした。子どもらしい聞き間違いはあったものの、読解ポイントとしては合っていたことに驚きました。やはり、魂は完全なのだと思いました。

長男の覚え方は、見たものを一瞬《いっしゅん》で覚えてしまうサヴァン症候群《しょうこうぐん》（知的障害や発達障害があるが特定の分野に並はずれた記憶力を示す）の人たちとは違います。自分が好きなもの、興味があるものを、何度も反復《はんぷく》して覚える、ごく普通の覚え方です。ただ、小学1年生の読解問題のときも何度も反復はしたのです。それでも、覚えられませんでした。

この体験を通して、私は思ったのです。とかく、知能が低い子どもに、高尚《こうしょう》な概念《がいねん》などわからない、と言われますが、それは違うのではないかと。彼らも真実を求めていて、真実を教えてくれるものに出合えたなら、「知りたい」「覚えたい」という気持ちになるのではないか。そして、その気持ちが理解力などの知的能力の向上をもたらすのではないかと思うのです。

「ユー・アー・エンゼル」を始めてから、長男や前述した塩田健人くん以外にも数人の子どもが、好んで大川隆法総裁の法話を聴き、暗誦《あんしょう》してしまう事例を見てきました。そのなかには、先天的に脳の一部が欠損している子もいました。

彼らは、仏法真理を学ぶとき、頭で理解するというより、魂で受け止めているのです。その意味で、仏法真理は、障害があるお子さんであっても、十分に学習できるものだと言えます。

「ユー・アー・エンゼル」は、これを積極的に教育に取り入れ、ハンディのある子どもの魂（心）を育てていきたいと考えています。

不随意《ふずいい》運動が起きる子どもへの対応

ここで、不随意《ふずいい》運動について、一言述べておきたいと思います。不随意運動とは、自分の意志に反して体が動いてしまうことです。美咲さんは、ときどき読み聞かせの本をパシッと払《はら》いのけたり、机の上に置かれたものを手で払って下に落としてしまったりします。

経験の少ないボランティアの方などは、それを見ると「もうやりたくないんだ」とか、「私のことが嫌《きら》いなんだ」などと思ってしまいますが、そうではありません。単に、そのとき、体がコントロールできなかっただけなのです。

力の加減ができない。じっとしていたいのに動いてしまう。静かにしようと思うのに声が出る、言いたい言葉と違う言葉が出てしまう。そういうことで、不随意運動が起きる障害児たちは苦しんでいます。そこに、支援者からの「私のことが嫌いみたい」という落胆《らくたん》の思いや言葉が加わると、彼らはほんとうに落ち込んでしまいます。

ですから、意に反して体が動いてしまうことを理解してあげてください。支援者は心を揺《ゆ》らさず、成長を信じてあきらめずに接することが大切です。

「ユー・アー・エンゼル」の教育（2）
きめ細やかな個別対応

その子のペースに合わせる

また、学業面では、お子さんに合わせた個別支援を行っています。

子どもたちが抱える課題はさまざまで多岐《たき》にわたっていますが、軽度障害のお子さんとその親御さんからの要望は、何といっても「勉強がしたい」というものです。

安田エリさん（仮名）は、小学4年生までは普通級に通っていましたが、5年生から支援級に移りました。お母さんは、中学の支援級に進学するときに、学習内容が普通級よりかなり少ないことを心配され、「ユー・アー・エンゼル」の個別支援を申し込んできました。

お二人と相談した結果、学生ボランティアを一人、エリさんの担当につけ、英語検定5級にチャレンジすることになりました。エリさんが通う学校の支援級では、ネイティブの英語の先生が授業をするそうなのですが、歌を歌ったりして楽しくふれ合うような授業で、文法などはまったくやらないのだそうです。「どこかでちゃんと英語を勉強させたい。目標を決めて取り組むことで、達成感を持たせたい」というお母さんの希望から、英検にチャレンジすることになったのです。

幸いなことに、エリさんは英語が好きだったので、毎回通ってくることは苦にならないようでした。また、性格が明るく、人と自分を比べて落ち込んだりしないことも、強みでした。単語を覚えてもらうときは、普通は10回、20回と単語を書いて覚えさせますが、担当した学生ボランティアによれば、書いて覚えるスタイルがあまり合っていないようだったので、書かせるよりも声に出して読ませていたそうです。

このようにして、エリさんのペースや、覚え方の特徴にていねいに合わせながら、学習を重ねていった結果、1年ほど経過した中学2年生の6月の試験で、見事、英検5級に合格しました。さらに1年後の今年は、4級にチャレンジしています。

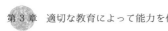

苦手なことを教える工夫

子どもにできないこと、伸び悩んでいることがあると、「障害のせいでできない」「やらせるだけかわいそう」などと思ってしまうことがありますが、そうした決めつけは必ずしも子どものためになりません。今、苦手なことも、経験を重ねていくうちに、だんだんできるようになることがあります。あるいは、以前に教えたことを、大人が忘れた頃にやり始めることもあります。

最近、自閉症と診断されているお子さんをお持ちのお母さんから、こういうご相談がありました。2歳のときに歌を教えたところ、全然覚えなかったけれども、5歳になって突然歌い始めたというのです。そのお母さんは、「これは、知能が3年遅れているということでしょうか?」と心配して相談してこられたのです。

このようなケースは、外に出てくる言葉よりも、内面が先行して成長するということを意味しています。つまり、教えたことがわかっていないように見えても、整理して表現することができないだけで、内面ではちゃんと受け止め、吸収しているということです。経験が積み重なり、整理がついてくると、このお子さんのように、あるとき、突然、何かをし始めることがあるのです。

ですから、そのとき、外見に現れている様子だけを見て、「興味がないみたい」と決めつけてはいけません。

また、好き嫌いがはっきりしていて「イヤなことは絶対しない」という子も、得意なことや、好きなことを十分にやらせて、それを心から褒《ほ》めると、自尊心が生まれ、「イヤなことにもチャレンジしてみようかな」と思ってくれるようになります。

苦手なことをやれるようにするには、時間がかかりますし、教えるほうにも根気が必要です。「少しずつ触れさせる」「何度も場数《ばかず》を踏《ふ》ませる」「間《あいだ》を置いてまたチャレンジさせる」など、個別に様子を見ながら進めていくことが大切です。

個別支援に欠かせない学生パワー

このように、「ユー・アー・エンゼル」の個別支援では、一人一人の子どもたちに合わせて、「好きなことや、得意なことをしっかり伸ばす」「できないことにも少しずつ挑戦させる」ということを心がけています。こうしたきめ細やかな対応をしていくうえで欠《か》かせないのが、大学生や専門学校生を中心とした、学生ボランティアの存在です。

先ほど紹介した大久保美咲さんも、学生ボランティアと仲良くなったことをきっかけとして、車いすから立ち上がり歩きました。安田エリさんの英検対策をして合格に導いたのも学生ボランティアです。また、特別支援高等学校（全入でない試験選抜《せんばつ》のある学校）の受験を目指す中学生を担当している学生ボランティアもいます。

このように、「ユー・アー・エンゼル」の個別支援や集いには、私たちの考え方に共感し、賛同してくれた素晴らしい学生ボランティアが集まっているのです。子どもたちにとって、学生ボランティアは先生であり、年の近いお兄さん、お姉さんでもあります。こうした学生たちと交流することで、子どもたちの新たな一面が見えることもあり、教育効果は大変大きいと考えています。

お子さんの教育についてご相談がありましたら、お気軽に「ユー・アー・エンゼル」にお問い合わせいただければと思います（巻末参照）。

第４章

天才性《ギフト》を見逃すな

五

彼《かれ》らは、時に天才性を発揮します。それは、勇気と希望、感動を世に与えるために、神様がくださった「ギフト」です。

障害児のなかに天才児がいることがある

この章では、子どもたちの「天才性」について考えていきたいと思います。

なぜ、障害児支援《しえん》で、「天才性」がテーマになるのかというと、次にあげる二つの場合があるからです。

第一には、正真正銘《しょうしんしょうめい》の天才児が、障害児の範疇《はんちゅう》に入れられてしまう場合があるということです。知能が高く、「高機能自閉症《じへいしょう》」「アスペルガー症候群《しょうこうぐん》」、または「自閉症スペクトラム（障害）」などと診断《しんだん》される場合は、そうした可能性も考えられます。

なお、「高機能自閉症」とは、知的な遅《おく》れを伴わない自閉症のことです。「アスペルガー症候群」は、やはり知的な遅れがなく、かつ、言葉の発達の遅れを伴《ともな》わない自閉症のことです。「自閉症スペクトラム」とは、アスペルガー症候群、自閉症などを、明確に区分できない一連のものととらえる考え方で、比較的《ひかくてき》新しい概念《がいねん》です。

こう言うと難しく聞こえるかもしれませんが、要するに、偉人伝《いじんでん》などで語られている、エジソンやアインシュタインの子ども時代のようなケースと言えるでしょう。

頭はよいけれども、少し変わったところがあり、意表をつくような発想や行動、時にはとんでもないことをしでかしたりします。また、興味がある分野とそうでない分野とで能力が極端《きょくたん》に偏《かたよ》っていて、特別な才能がある一方、関心がないところはまったく気にもかけないところがあります。そのため、学業成績は総合点や平均点で見たら、平凡《へいぼん》なこともあります。なかには、ものの見え方、認知のしかたが独特で、言語を通さず絵で思考している子、色や形、風景として数字をとらえている子などもいるようです。

現在活躍《かつやく》しているこのタイプの天才としては、動物学者で家畜施設《かちくしせつ》の設計者であるテンプル・グランディン博士や、15歳《さい》で物理学の博士課程に在学中のジェイコブ・バーネットくんらがあげられると思いますが、二人とも子どもの頃《ころ》に、自閉症の診断を受けています。

障害児の天才性について、第二には、明らかなハンディがあり、支援を必要としながらも、類《たぐい》まれなる才能を発揮する場合があります。たとえば、知的障害の天才画家・山下清《きよし》画伯《がはく》や、映画「レインマン」で、ダスティン・ホフマンが演じた主人公レイモンドのモデルとなった、サヴァン症候群のキム・ピーク氏のような方々です。

近年、「障害の早期発見・早期療育《りょういく》に努《つと》めよう」という流れがあり、幼児期に障害の診断を受けたり、その可能性を示唆《しさ》されたりするケースが増えてきています。それは、お母さん方にとっては青天《せいてん》の霹靂《へきれき》であり、予期せぬ不幸と言えます。

しかし、もし、ご自分のお子さんにそのような診断が出されたとしても、一度冷静になって考えていただきたいのです。障害特性とされているその「特徴《とくちょう》」は、実は、その子の持つ「天才性」と一連のものかもしれないということを。

その意味において、これからの障害児支援は、介助《かいじょ》を必要とする障害児に単に手をさしのべるだけでは足りません。風変わりな子どもたちのなかに天才性を見《み》出《いだ》し、彼らに合った教育環境《かんきょう》を整《ととの》えてあげることも、障害児支援の一つの大きなミッションであると言えるでしょう。

日本の学校教育は、「天才を育てる」という視点が欠けている

現在の教育制度においては、残念ながら、こうした子どもたちを受け入れるだけの教育環境は十分に整っていません。

ここで、ある男の子の事例をご紹介《しょうかい》したいと思います。

メールで相談を受けていた岩崎メグミさん（仮名）の長男・ツトムくん（仮名）

の話です。

メグミさんの話によると、ツトムくんには、自閉症スペクトラム障害の診断が出ており、パニックになると、嚙《か》む、殴《なぐ》る、蹴《け》る、物を投げるなどの行動を取るということでした。また、偏食《へんしょく》があり、保育園の給食を一切食べないとのこと。こうしたことを改善するにはどうしたらよいか、さらには、処方されているADHD（注意欠陥《けっかん》・多動性障害）の治療薬《ちりょうやく》は服用したほうがよいか、というのが最初の相談でした。小学校への進学を4カ月後に控え、メグミさんは解決方法を急いで求めていて、深く悩《なや》まれているようでした。

ツトムくんに知的な遅れはありません。それどころか、世界遺産《いさん》の本と人体の本が気に入っているとのことで、同年代の普通《ふつう》の子どもたちより知的好奇心《こうきしん》が高いのです。本を読んだり、テレビを見たりしていても、何か疑問があるとすぐ質問してくるので、メグミさんは正しい答えを返すためによく調べものをすると言っていました。

また、ツトムくんには胎内記憶《たいないきおく》や、赤ちゃんの頃からの記憶もはっきり残っていて、「ママ、僕はゲップが下手《へた》だったから、ミルクをよく吐《は》いていたんだよ。あのときは汚《よご》しちゃってごめんね」などと言うのだそうです。

ツトムくんの言葉の発達のしかたは、少し変わっていました。発語は4歳で、それまでは、「あー、あー、あー」と指さしで話していたのですが、メグミさんとの意思疎通《そつう》にまったく不自由はなかったそうです。5歳になると、通常の5歳児以上の語彙《ごい》で言葉を話し始め、「これは何?」などと質問してくることが多かったそうです。

私は、メグミさんを励《はげ》ましたい気持ちと、ツトムくんに関するお困りポイントが改善されるようアドバイスしたい気持ちとともに、「この才能の芽をつぶしてはいけない」と思いました。そこで、メールでは、「お子さんは障害児というより、むしろ天才の卵なのだと思います。いろいろご苦労があると思いますが、お子さんの才能が埋《う》もれずに伸《の》びていくよう、一緒《いっしょ》にがんばりましょう」という趣旨《しゅし》の返事をしました。

これが最初のメールのやりとりで、それからも度々相談を受けていたのですが、ツトムくんが入学し、晴れて小学1年生となって登校し始めたところ、問題が発生しました。

メグミさんは、入学するだいぶ前から学校側と話し合いを重ね、その結果、ツトムくんは、普通学級に在籍《ざいせき》しながら、国語と算数だけ支援級に行くことになっていました。ところが、入学して2週間ほど経ったある日、担任から「これから音楽以外はすべて支援級で過《す》ごしてください」と言われてしまったのです。ツトムくんは、みんなと同じことができず、勝手な行動を取るので、「クラスづくりができない」という理由で、クラスから出されてしまったというのです。

みんなと一緒にいるのがうれしそうだったのに、友だちのいない教室に行かされ、学校にいるほとんどの時間を、支援級の先生と二人きりで過ごすことになってしまった。クラスの邪魔者扱《じゃまものあつか》いをされたようで、とても悔《くや》しいけれども、〝病気〟

のせいなので、どうすることもできない……。お母さんは担任の意向をやむなく受け入れたものの、家に帰って一人で泣いたそうです。

私は、「マンツーマンなら逆によいこともあるのでは？」と考え、その支援級の先生がどのような対応をしているか、お聞きしてみました。すると、ツトムくんが事故を起こしてケガをしないように見ているのが精いっぱいのようだ、とのことでした。

もし、その先生が、ツトムくんの興味関心に沿った対応で才能を伸ばそうとしてくれるようなら、多動《たどう》も少しはおさまっていくかもしれないと、いったんは考えた私でしたが、すぐその考えを改め、メグミさんには、「学校側にも対応できる限界があると思います。ですから、放課後や土日に、彼の知的好奇心を満たす方法を考えてみましょう」とお伝えしました。

こうした状況をお聞きする限りでは、まだまだ普通の公立学校には、ツトムくんのような、「知能は高いが集団適性に乏《とぼ》しい子ども」を受け入れる態勢《たいせい》はできていないのだなと感じます。

２００７年、法律の改正に伴って、それまで「特殊《とくしゅ》教育」と呼ばれてきた制度が、「特別支援教育」に変わりました。特殊教育では、視覚・聴覚・身体・知的の障害を持った子どもたちが対象でしたが、特別支援教育では、それらに加え、「ＬＤ（学習障害）、ＡＤＨＤ、高機能自閉症」など、知的な遅れのない発達障害の子どもたちも支援の対象となりました。しかし、制度上はそうした子どもたちを受け入れることになったものの、実際の受け入れ態勢は、いまだ十分とは言えません。専門性の高い教育者が現場で不足しており、普通級の先生方に負担がかかってしまっているようです。

メグミさんは、このことがあったあと、校長先生を交えて、あらためて話し合いの場を持ち、その結果、「要望はかなり聞き入れてもらうことができました」と連絡《れんらく》をくださいましたが、ツトムくんとメグミさんに起きた、この一連の出来事には、日本の教育における未解決の問題が潜《ひそ》んでいるように思われました。

突出《とっしゅつ》した才能を思い切り伸ばしたいというニーズ

ただ、民間レベルでは、次のような取り組みが始まっています。

2014年12月10日、日本財団と東京大学 先端《せんたん》科学技術研究センターによる「異才発掘《いさいはっくつ》プロジェクトROCKET」が開校しました。このプロジェクトは、「突出《とっしゅつ》した能力はあるが、現状の教育環境に馴染《なじ》めず、不登校傾向《けいこう》にある小・中学校生を選抜《せんばつ》し、継続的《けいぞくてき》な学習保障及び生活のサポートを提供することで、将来の日本をリードする人材を養成すること」を目的としたものです。マスコミで紹介されるとすぐに、全国から問い合わせが殺到《さっとう》し、応募《おうぼ》総数は600人以上となりました。選抜の結果、現在、15名の第一期スカラーが誕生しています。

ツトムくんがクラスから出されてしまったあと、メグミさんは、「クラスの邪魔者扱いをされたことが悔しい」ともらす一方で、「ツトムは、友だちは好きだけど学校はつまらないと言っています。もし、行きたくないと言ったら、無理に行かせなくてもよいでしょうか？」と言っていました。そのときに私は、そのプロジェクトのことを思い出し、きっと、「異才発掘プロジェクト」に応募したお子さんたちも、似たような理由で、不登校もしくは休みがちになっていったのだろうと思いました。

その子どもに健全な知的好奇心があったとしても、表面的な行動を見て、「この子は多動だ」「何回教えてもわからない」などと片づけてしまえば、それで教育はストップしてしまいます。

現在の特別支援教育は、うまく機能させれば、特定の能力が突出している子どもの強みを伸ばす教育にもつながるはずなのですが、実際には、絵に描いた餅《もち》になっているようです。

ツトムくんの事例からも、「異才発掘プロジェクト」に寄せられる関心の大きさからも、「突出した才能を思い切り伸ばしたい」、あるいは「天才教育があるなら学んでみたい」という一定のニーズが根強くあることが見えてきます。

天才の〝ツボ〟を刺激《しげき》するセミナー「集まれ、エジソンの卵たち」

「ユー・アー・エンゼル」では、障害児や不登校児のなかにも、隠《かく》れた天才性が潜んでいるのではないかという考えのもとに、「集まれ、エジソンの卵たち」というセミナーを年に3～4回開催《かいさい》しています。障害のある子に配慮《はいりょ》した運営をしていますが、健常の子どもやその親御《おやご》さんの参加も広く受け付けています。

このセミナーは、天才「トーマス・エジソン」の名前にちなんで、特定の分野に興味が偏《かたよ》っている子、極端にマイペースな子、親や先生にしつこく質問する子、時間が経《た》つのも忘れるほど何かに没頭《ぼっとう》してしまう子など、「ちょっと変わった子どもたち」をきちんと受け入れ、そうした子どもたちに本格派の講師の話をぶつけてみようという、いわばチャレンジ企画《きかく》です。まだ天才教育そのものとはいきませんが、天才の〝ツボ〟を刺激《しげき》するきっかけになればと考えています。

講師は、大学で地球物理学を専攻《せんこう》していた教育関係者や、東京大学数学科で学ぶ現役《げんえき》学生さんなど、今のところ理数系の方がほとんどです。スキルの高さもさることながら、「ちょっと変わった子どもたち」を心から愛せる人たちが講師をしてくださるので、とても自由な雰囲気《ふんいき》があります。

講師のみなさんは、難しいテーマをかみ砕《くだ》き、子どもたちにわかりやすいように、スライドを使ったり、シンプルな言葉を使って教えてくれます。これまでに、「数式とグラフ」「昆虫《こんちゅう》について」「アインシュタインについて」などをテーマに、セミナーを行ってきました。

子どもに同行してきた親御さんたちも、いつしか付《つ》き添《そ》いであることを忘れ、子どものように目を輝《かがや》かせて講義に聞き入っています。「おー！」「すごいなあ！」などと真っ先に歓声《かんせい》を上げるのは、お父さん、お母さんたちのほうです。

＊コラム＊

東大生による講義「アインシュタインについて」

ここで、２０１５年2月22日に行われた「アインシュタインについて」の講義の一部を、ご紹介したいと思います。これは、東京大学数学科の学生である、田中光《ひかり》さんの講義で、約20分かけて行われました。

「私は天才ではありません。ただ、人より長く一つのこととつきあってきただけです。」

これは、アインシュタインが自分について語った言葉です。

これから、アインシュタインが残した言葉を交《まじ》えながら、彼がどんな人だっ

写真①

写真②

たのか、何を思っていたのかを一緒に見ていこうと思います。

写真①は、小さい頃のアインシュタインの写真です。

今では天才と呼ばれている彼《かれ》ですが、小さい頃はなかなか話せるようにならず、家族には心配されていたようです。学校でもごく普通の生徒と思われていました。

ですが、好奇心が旺盛《おうせい》で、磁石《じしゃく》の針がいつも北を向くのを見て感動したというエピソードがあります。

写真②は、中学生時代のアインシュタインの写真です。

彼はドイツの中高一貫校《いっかんこう》に通っていました。この頃の彼は、先生と仲が悪く、あるとき先生に「将来、お前は絶対に立派になれない」と言われたのをきっかけに、16歳で学校をやめてしまいました。

そのあと彼は独学《どくがく》で大学入試に挑戦《ちょうせん》しますが、不合格でした。別の学校に入って1年間勉強したあと入学しています。1年浪人《ろうにん》しているように見えますが、普通の学生より1年早い17歳で入学しています。

ところで、このアインシュタイン少年は、後に発表する相対性理論《そうたいせいりろん》のもとになるアイデアをこの時期から持っていたそうなんです。さすが天才ですね。

そのアイデアですが、アインシュタイン少年は、こんなことを考えました。「もし僕が手に鏡を持って、光と同じ速さ（1秒間に30万キロメートル）で宇宙を飛ぶことができたとしたら、どうなるのだろう。僕《ぼく》の速さと、顔から出る光の速さは同じになってしまうので、僕の顔は鏡に映《うつ》らないのだろうか？」

この疑問が、後の相対性理論のもとになっていきます。相対性理論によって、彼は自分の疑問に答えました。「たとえ僕が光の速さで飛んでも、僕の顔から出た光は、僕から見て光の速さで飛んでいく。だからその光は鏡に反射して、僕の顔が映るはずだ」ということがわかったのです。

さて、彼の人生に話を戻しましょう。

無事大学に入学したアインシュタインですが、自分の好きな勉強ばかりしていたために成績はよくなく、大学で研究職に就《つ》くという夢は叶《かな》いませんでした。卒業後はいろいろと仕事を変えた後、国の役所に勤めることになります。

しかし、アインシュタインは、役所に勤めながら、空《あ》いた時間で物理の研究を続けていました。そして26歳のときに（写真③）、「ブラウン運動」「光《こう》

写真③

電《でん》効果」「特殊相対性理論」について書いた三つの論文を立て続けに発表します。

これらの論文は三つとも、当時の物理学の難問を解決するものでした。物理学者たちより先に、役人だったアインシュタインが解決してしまったんですね。

ただ、これらのなかでも、最も有名な「特殊相対性理論」は、あまりに常識外れな内容だったせいか、最初はなかなか受け入れられませんでした。しかし、その後、次第に認められるようになり、アインシュタインは世界的に有名になったのです。

さて、あるときアインシュタインは「相対性理論って何ですか?」と聞かれてこんなことを言いました。

「熱いストーブに一分間手をのせてみてください。まるで一時間ぐらいに感じられるでしょう。

ところが、かわいい女の子と一緒に一時間座《すわ》っていても、一分間ぐらいにしか感じられません。

それが、相対性というものです」

もちろんこれは日常的なたとえであって、相対性理論そのものではありません。しかし、相対性理論の仕組みをよく表しています。「時間は伸び縮みをし、人によって流れ方が変わるのだ」ということです。

彼が時間について語った言葉を、もう一つ紹介しましょう。

「過去、現在、未来の区別は、どんなに言い張っても、単なる幻想《げんそう》である。」

もう〝悟《さと》った〟感じの言葉ですね。

さて、みなさんのなかには、これに似た言葉をどこかで聞いたことがある人もいるかもしれません。

二〇〇六年に公開された映画「永遠の法」を、ご覧になった方も多いと思います。

これは主人公たちが霊界《れいかい》を探検する映画で、「宗教と科学の融合《ゆうごう》」をテーマとしていました。この映画にアインシュタインが登場するシーンがあったので、ちょっと見てみましょう。

〈ここで、映画「永遠の法」の抜粋《ばっすい》を上映する〉

〈シーンは、あの世の八次元如来界《にょらいかい》で、アインシュタインの霊が、主人公

の隆太《りゅうた》・夕子の二人と話をしているところから始まる）

アインシュタイン　地上とはモノサシが違《ちが》うということだよ。時間とて、霊界ではモノサシにはならない。霊界には一定の時間が存在しないばかりか、過去・現在・未来が一体化している世界だからね。

隆太　過去・現在・未来が？

アインシュタイン　（手のひらの上に金魚鉢《きんぎょばち》が現《あらわ》れる。なかでは三匹の金魚が泳いでいる）あえて言えば、このような球体のなかに、過去・現在・未来という金魚が封《ふう》じ込《こ》められている

映画「永遠の法」（2006年公開／原作・製作総指揮　大川隆法／幸福の科学出版）で描かれる天上界のアインシュタイン像

ようなもので、三匹の金魚は円球の内側を循環《じゅんかん》するように動く。

仮に私が過去の意識に合わせればそこへ行くし、未来に合わせればそこへ行くことができるというわけだ。

まあ、この原理に基《もと》づいて、私は30世紀頃に地上に生まれて、タイムマシンをつくってみようと思っているんだ。

映画「永遠の法」より

いかがでしょうか。「霊界では、過去、現在、未来が一体となっている」と言っていましたね。それがどんな世界なのか、想像してみるとおもしろいかもしれません。

それでは最後に、この言葉を紹介したいと思います。

「宗教のない科学は完全ではなく、

科学のない宗教は目隠《めかく》しされている。」

アインシュタインは、「宗教と科学は協力し合うべきものである」と考えていたのですね。

彼は人間を超《こ》えた大きな存在を信じており、「この大宇宙には深いルールがある。そのルールをつくった存在が必ずいるはずだ」という信仰を持っていました。一流の科学者は、この世界に深いルールがあることに感動し、人間を超えた存在を信じるようになるのだと思います。

いかがだったでしょうか。アインシュタインが考えていたことに、少しでも興味を持っていただけたなら幸いです。

ありがとうございました（会場拍手《はくしゅ》）。

〈参考文献〉
『ＨＳＵテキスト６　未来産業教学概論』（近藤海城 編著、ＨＳＵ出版会）
『アインシュタイン 150 の言葉』（ジェリー・メイヤー／ジョン・Ｐ・ホームズ 編、ディスカヴァー 21 編集部 訳、ディスカヴァー 21）

高機能障害のとらえ方

このセミナーに参加してくれた子どもたちのなかには、フルフラットの車いすに横たわった重度障害の子、脳障害の子、かつて多動だった小学生、難聴の中学生、中学1年生で不登校になり別の中学を過年度受験した中学生などがいました。

車座《くるまざ》になって質疑応答をしたときには、子どもたちから、ブラックホール、ホワイトホール、ワームホール、次元についてや、ＵＦＯはどこを通ってくるのかといった質問が飛び交《か》い、支援者たちは目を白黒させていました。いちばんたくさん質問をした小学3年生の男の子は、少し前まで多動だったそうです。私はそれをあとで知ったのですが、その日の彼の集中力からは想像もつきませんでした。

大川《おおかわ》隆法《りゅうほう》総裁は、高機能障害について、このように述べています。

「いまの医者が『自閉症児』と言っているような子のなかには、将来、世の中を変えていくような発明や発見をしたりする人も数多くいるでしょうし、

『多動性障害』と言われている子のなかには、やがて探検家になったりする人もいるでしょう。

医者は、子供の成長後に責任を持てないから、そう言っているだけなのです。その変な子たちのなかに、世の中を変えていく力を持っている人がたくさんいるのです。単に他の人と比べて変わっているだけなのに、それを悪いことのように言う価値観は改めるべきです。

どうか、病気だとか、障害だとか、あまり簡単に決めつけないでくださいね。

自閉症のなかには、『アスペルガー症候群』と言われるものがあり、高機能障害とされています。医者は、これについて、『非常に知能は高いが、自閉症の一種である』というような説明をしています。

しかし、これは一種の天才児なのです。

天才児で、変わっている人は、世の中に大勢います。

医者の定義に当てはめると、アインシュタインも自閉症児で、アスペルガー

症候群になります。あんな大天才を、アスペルガー症候群に分類して、どうするのでしょうか。

したがって、医者の言葉は、ほどほどに聞かないと駄目《だめ》です。『高機能障害』という言葉を真剣《しんけん》に聞いてはいけません」（『心と体のほんとうの関係。』140〜142ページ）

みなさんは、『ぼくは数式で宇宙の美しさを伝えたい』（角川書店）という本をご存じでしょうか。これは、12歳で宇宙物理学者になったジェイコブ・バーネットくん（通称《つうしょう》ジェイク）を育てた母親クリスティン・バーネットさんの自叙伝《じじょでん》で、原題は『THE SPARK』といいます。

ジェイコブくんは早熟《そうじゅく》で、1歳頃には見ているDVDをすべて暗記し、リモコンで言語選択《せんたく》をして日本語版とスペイン語版でも暗記しているほどでしたが、しだいに親とも目を合わせなくなり、笑ったりおしゃべりしたりすることがなくなっていき、2歳で自閉症・アスペルガー症候群の診断を受けます。3歳のときに専門家が下した判断は「彼が16歳になったときに自分で靴《くつ》ひもを結べるようになっていたらラッキーだ」というものでした。クリスティンさんの言葉によれば、「その年は診断という檻《おり》の中に閉じ込められた一年間」であったそうです。

3歳半で発達障害の子どもたちのためのプリスクール（幼稚園《ようちえん》）に通《かよ》うようになると、クリスティンさんの疑問はピークに達します。特殊教育の専門家であるはずの教師たちから「彼には学習する能力がない」と言われたのです。その対応に不信を感じたクリスティンさんは、ついに自分でジェイコブくんを教育しようと決意します。

クリスティンさんは、自叙伝《じじょでん》にこう記しています。

「わたしはジェイクの中にきらめき（スパーク）を見ていました。確かにかすかな光しか見えない日々もありました。（中略）でも、彼が何も感じていないし、理解していないと決めつけることは許されない。ジェイクに戻《もど》ってきてもらうには、彼ができないことに焦点《しょうてん》を当てるのをやめなくてはいけないのです」（前掲書《ぜんけいしょ》）

その後、クリスティンさんは独自のやり方でジェイコブくんを教育します。そのやり方とは、子どもができないことにしつこく取り組ませる州の療育とは違い、子どもの関心や愛着を生かして伸ばしていく方法でした。

しかし、そのクリスティンさんの教育も、数年でジェイコブくんの知識欲を満たすには足りなくなってしまいました。そこで、彼が8歳のとき、クリスティンさんは「ジェイクがジェイクでいられるための場所はここしかない」と考え、大学の数学、天文学、物理学のコースを受講させることを決意。その後、ジェイコブくんは9歳で大学の入学試験に合格し、入学します。そして、宇宙物理学について独自の理論に本格的に取り組み始めました。彼の理論が完成されれば、「ノーベル賞候補にもなり得るだろう」とも言われています。

ジェイコブ・バーネットくんの生《お》い立《た》ちは、先ほど紹介した大川隆法総裁の**「いまの医者が『自閉症児』と言っているような子のなかには、将来、世の中を変えていくような発明や発見をしたりする人も数多くいるでしょう」**という言葉を、地で行くような話ではないでしょうか。また、クリスティンさんの自叙伝を読むと、医者の診断や、公的な支援制度も完全なものではなく、ことに天才児には当てはまらないことがわかります。

子どもたちの「天才性」を伸ばしていこう

たいていのお母さんは、わが子に突出した才能があっても、「天才？　まさかうちの子が……」と考えることが多いと思います。天才と思うよりも、同じ年齢《ねんれい》の子どもたちが当たり前にできていることが、なかなかできるようにならないところを心配します。

また、学校においても、天才教育を継続的に行うには、法整備も含め、まだまだ環境が整っていません。

ギフテッド（天才児）への教育が進んでいると言われるアメリカでさえ、その必要性が認められるまでには紆余曲折《うよきょくせつ》があったようです。1978年に「天才児教育法」が制定されるも、80年代に入ると、「ギフテッドへの教育は一部の者への教育であり、差別的なものである」という批判が力を得るようになるなど、右往左往しながらの発展であったようです。それでもジェイコブくんのような天才児を9歳で大学に迎え入れることができるアメリカは進んでいます。

一方で、現在の日本の教育環境は、天才児にとって行き場がなく、本人や親御さんにとっても、また日本の未来にとっても望ましいものではありません。

しかし、それでも「天才の卵」は生まれてきます。何の前ぶれもなく。たいていは、ごく普通の両親のもとに——。

彼らの知的好奇心が満たされ、満足のいく子ども時代を過ごし、そのずば抜《ぬ》けた才能でもって、多くの人びとに恩恵《おんけい》を与える未来を、ともに切《き》り拓《ひら》いていきたいものです。そのためには、今、この時点から、彼らのためにできる一手を打っていくことが必要なのではないでしょうか。

微力《びりょく》ながら、「ユー・アー・エンゼル」も、前述した「集まれ、エジソンの卵たち」というセミナーを開くなど、「天才の卵たち」のお手伝いを始めています。各方面の支援者に協力を仰《あお》ぎながら、子どもたちの知的好奇心を刺激し、親御さんには「わが子の天才性を認め、伸ばしていこう」と思っていただける企画を、これからも提供していきたいと思います。

「天才性」を発掘するための考え方

真の意味での天才は、天命として、その人生を新しい発明・発見に捧《ささ》げ、大事業を成《な》し遂《と》げ、文明を牽引《けんいん》していきます。こうした天才児は、残念ながら、集団教育で量産することはできません。出現率が低いからこそ「天才」と言えるのです。

ただ、「天才性」自体は、多くの子どもたちのなかに潜んでいるものです。子どものなかの隠された才能を信じ、上手に引き出していこうとする心がけは、すべての親、教育者、支援者にとって大事なことであると思います。

ここで、天才性発掘のために「ユー・アー・エンゼル」が大切にしている考え方をいくつか紹介したいと思います。

① 短所のなかに長所が潜《ひそ》んでいないかを考えよう

子どもの欠点や、気になるところを矯正《きょうせい》したいという気持ちは、親や教育者ならば誰《だれ》もが感じる気持ちです。それは、バランスの取れた大人をつくっていくうえでは正しいことなのですが、天才性を発掘するうえでは、欠点と見えることのなかに別のよい点が潜んでいないか考えてみることが大切です。

たとえば、「がんこさ」は「意志の強さ、ブレない心」に通じます。「怒りっぽい、キレやすい」は「正義感の強さ」に通じていたりします。「空気が読めない」ということも、「周囲の反応《はんのう》に負けず持論を展開する」ような場面で役に立つこともあります。「落ち着きがない」は、同時に複数の仕事を処理する力に通じます。

このように、長所と短所は裏表の関係になっているところがあるので、マイナスの面ばかり見るのではなく、プラスの面を見ていこうとすることが大切です。

②人との違いや、ユニークさを認めよう

集団教育の場では、みんなと一緒に行動することが求められ、一人だけ違うことをしていると、周囲から「わがまま」「迷惑《めいわく》」と言われ、よい評価を得られません。そのため、「多くは望まないから、せめてよその子と同じようであってほしい」と願うお母さんは、案外多いのではないでしょうか。

しかし、平均値に切りそろえるような教育では、天才性がつぶれてしまいます。

人との違いや、その子特有のユニークさのなかに、ほかの人には真似《まね》できない優《すぐ》れた部分が潜んでいるかもしれないのです。

ですから、子どもに対して、平均的であることや、平凡であることを求めるのではなく、その子だけのユニークさを肯定《こうてい》し、堂々と胸を張って「人と違っていてもいいんだよ」と言ってあげることが大切です。

子どもにとって、「親が常《つね》に自分のよき理解者でいてくれる」ということは、何よりの安心材料となることでしょう。

③ 子どもの集中を妨《さまた》げないようにしよう

その子が集中して取り組める何かがあったら、そこには天才性の芽があります。子どもが強くこだわっていることや、大好きなことなどがあり、それに対して集中して取り組んでいるときは、それを十分にやらせることが大切です。このとき、発達のバランスを考えて「またそれをやってるの？　もういいから、こっちをやりなさい」などと声をかけ、子どもの気を散らしてはいけません。

「一つのことをいつまでもやっている」「ほかのものが目に入らない」のは、天才性の片鱗《へんりん》であることもあります。「好きこそものの上手なれ」で、熱にうかされたように没頭《ぼっとう》してしまう人は、努力しているとも思わずに大きなことを成し遂げていくものです。

ただし、「ゲームやマンガに集中している」ような場合は、子どもが集中している〝内容〟を見極《みきわ》めることが大切です。その子が、天才ゲーム・クリエイターの卵であったり、天才マンガ家の卵であったりする場合もないとは言えませんが、創造的な活動にならず、ただ受け身で遊んでいるのであれば、一般的なしつけの範囲で限度を決めてあげたほうがよいでしょう。

④ 公共心を教えよう

天才の天才たる所以《ゆえん》は、「世のため、人のために尽《つ》くす」という精神性ではないでしょうか。知性に優《すぐ》れ、突出した能力があっても、その力を自分の利益のために使う人は、ほんとうの意味での天才とは言えないと思います。

天才は、みんなどこか変わっているところがありますが、変人ならば天才かというと、そうではありません。ほんとうの天才ならば、その志《こころざし》のなかに「社会や世界に貢献《こうけん》しよう」という尊い使命感を持っているはずです。これこそが、天才を天才あらしめているものではないでしょうか。

その意味で、天才性を引き出す教育においては、公《おおやけ》のために尽くそうとする気持ちを教えることがとても大切であると思います。

「ユー・アー・エンゼル」では、このような心がけを通して、多くの子どもたちのなかから、隠れた才能・天才性を発掘していきたいと考えています。

終章

「ユー・アー・エンゼル」の新たなスタート

ユー・アー・エンゼル！運動のミッション

六　障害児を愛し、いたわり、励《はげ》ますことは、同時代に生きる全員の使命です。彼《かれ》らとともに生きることで、世界は調和し、健全に発展していきます。

七　「ユー・アー・エンゼル！」（あなたは天使！）というメッセージは、障害児に備《そな》わっている「幸福の種《たね》」を引き出し、花開かせる、「魔法《まほう》の言葉」です。私たちはこのメッセージを、全世界に届けたいと考えています。

素敵な人たちとの出会い

ここまで、たくさんの事例を紹介《しょうかい》してきました。一口に障害児を育てると言っても、経験している中身はさまざまですが、「ユー・アー・エンゼル」で出会ったお母さんたち、とりわけこの本に登場していただいた方々は、「こんなに素敵な子育てがあるのか！」と、私の目を開かせてくれました。

読者のなかには、「障害児を育てていても、幸せに生きている人もいるものだな」と感じた方もいらっしゃるかもしれませんが、お母さんたちの心の持ち方が違《ちが》えば、まったく違う人生になってしまっていたことでしょう。ハンディを乗り越《のこ》え、爽《さわ》やかな心境で生きる人生もあれば、自分を呪《のろ》い、運命を呪い、世間の差別を恨《うら》む人生もあるのですから。

この本で紹介したどの方も、一時は、人生の重荷《おもに》に耐《た》えきれなくなりそうな、つらく苦しい時期を過ごされていますが、見事に心を立て直し、素晴らしい人生を歩んでいます。そうした心の変化、人生観の変化を遂《と》げた方を見ると、私はいつも、「カラメルソース」を連想してしまいます。

カラメルソースの材料は砂糖と水です。それを混ぜて、鍋《なべ》で加熱し、沸騰《ふっとう》させて、しばらく経《た》つと褐色《かっしょく》のカラメルソースができ上がります。ほろ苦《にが》く、甘《あま》いカラメルソースは、おいしいお菓子のよき相棒です。砂糖と水に熱が加わることで、まったく異質なものに変化していく様はまるで「魔法《まほう》」のようです。その変化のなかで、カラメルソースとなる一瞬《いっしゅん》を見極《みきわ》め、さっと火からおろすこと。それがお菓子《かし》づくりのコツです。

人生に置き換えれば、障害児を子どもに持ったという段階は、砂糖と水が混ざり合った状態です。そこに悩《なや》みや苦しみという火が加わって変化が起き、ちょうどいいところでその火を止めると、人生がほろ苦く、甘い、絶妙《ぜつみょう》な味わいを持つということです。

火を止めることは、心のなかのこだわりを捨てるということにあたるでしょう。

加熱がいきすぎると、鍋ごとダメになるくらいカラメルソースが真っ黒焦《こ》げになってしまうように、悩みや苦しみは、人生の教訓を得るうえでは必要なものですが、それにとらわれすぎてしまうと、心が真っ黒になってしまいます。ですから、ちょうどいいところで、「私はもう十分に悩んだ」「これ以上くよくよするのはやめよう」と、心のなかの火を消すこと、つまり、執着心《しゅうちゃくしん》やこだわりを断つことが大切なのです。

砂糖と水が「カラメルソース」に変わる――。これは、魔法のような変化ではありますが、誰でも簡単にやってみることができる「魔法」です。

そして、「ユー・アー・エンゼル！」（あなたは天使！）という言葉こそ、障害がある子を育てる毎日をカラメルソースのように変えていく「魔法の言葉」です。第2章でも述べたように、彼《かれ》らは「天使」としての役割・使命を担《にな》っています。それを積極的に認め、助けていこうと思うとき、〝砂糖〟と〝水〟は異質なものに変わってくるのです。

この言葉が、あなたの心にも、お子さんの心にも、幸せを運《はこ》んでくれるはずです。

「ほかの人のお役に立ちたい」というお母さんたちの願い

私は、「ユー・アー・エンゼル」で驚《おどろ》いたことがいくつかあります。その一つは、最初、私の呼びかけに応じて集まったお母さんたちから出た要望が、「この運動を通して、ほかの人たちに貢献《こうけん》していきたい」というものだったことです。なかでも、安部清子《あべきよこ》さんが言われた言葉は、とても印象的でした。

「昴《すばる》が生まれて、この子は、何の付加価値も生み出さないまま、障害者となって社会資本を食いつぶして生きることになるのかと、残念に思っていました。『ユー・アー・エンゼル』ができたことによって、私たち家族の経験がほかのみなさんのお役に立つかもしれない、それが昴と私たちの使命かもしれないと思えて、ほんとうにうれしかったです」

ほかのお母さんたちも、「わが家の体験でよければ、事例として使ってください。どなたかのお役に立てればうれしいです」「何もできない子じゃなくて、天使としての使命があるんですね。この子の使命を一緒に探します」「集いに参加するだけじゃなくボランティアをしたいです。愛を与える側に立ちたいから」などと次々におっしゃるので、私は「なんと立派なお母さんたちだろうか」と、びっくりしてしまったのです。

これは、単なるきれいごとではないのだと思います。体が自由に動き、話せる人にとっては、仕事や勉強が時に苦痛なものであったり、責任を負うことがストレスになったりするでしょうが、それは、障害者から見れば、実は贅沢《ぜいたく》な悩みであって、お母さんたちはいつも、「指先をほんの数ミリ動かすにも訓練がいるわが子、表現が自由にできないわが子にとっての生きる意味とは何だろう?」ということを考えているものなのです。

お母さんたちは、「ユー・アー・エンゼル！」というメッセージから、「あなたが育てているお子さんには、天使としてなすべきことがありますよ」という期待を感じ取り、障害がある子の子育てに意義を見出《みいだ》すことができたのではないでしょうか。そして、このメッセージを伝える活動に参加したいと思われたのではないかと思います。「ユー・アー・エンゼル」には、こうしたお母さんたちがリーダーとして集まっていて、それぞれの地域で集いを開催《かいさい》し、子育て相談にものってくださっています。

「ユー・アー・エンゼル！」というメッセージが持つ力

「ユー・アー・エンゼル！」という言葉にふれて変化したのはお母さんたちだけ

ではありません。驚いたことのもう一つは、子どもたちに起きた変化の速さです。

私が、全国の障害児親子の集いをまわり始めた頃《ころ》、名古屋市内で開催された集いの翌日に、ある知らせが舞《ま》い込《こ》んできました。発達障害の可能性があると言われ、それまで言葉をまったく話さなかった2歳のお子さんが、集いに参加した日の夜、生まれてはじめて「ママ」と言ったというのです。

最初は、私も「集いに参加したことが、直接、発語につながったかどうかはわからない。偶然《ぐうぜん》の一致《いっち》かもしれない」と思いました。しかし、それ以降も、集いを開くたびに、子どもたちが変わったという知らせが次々と舞い込んできました。

食べものを手づかみで食べていた子が、集いに参加した日からスプーンを使うようになった。

就学までにオムツが取れるかどうか心配されていたダウン症《しょう》の子が、自分でトイレに行くようになった。しかも、それまで字を書くのも嫌《いや》がっていたのに、集いの感想シートには知っている文字を全部書いた。

脳障害があり、外面的には知的障害に見える子が、文字盤《もじばん》（ひらがな50音が書いてあるシート）を使って、「学びたいという気持ちは、どんな環境《かんきょう》にある人にもある、大切な気持ちです。僕は、このような環境にあることに感謝します」と、集いの感想をつづった。

このような奇跡的《きせきてき》な出来事が、こんなにも次から次へと起こるものかと、私はほんとうに驚きました。

序章にも書きましたが、私自身、長男を連れていろいろな相談機関にかかったものの、効果のほどはよくわからなかったという経験をしていたため、この運動を始めた当初も、「障害児の教育は、効果が出るまでには時間がかかるもの」と思い込んでいました。

そんな私に、「ユー・アー・エンゼル」で出会った子どもたちは、「ほら、見てごらん」とでも言うかのように、身をもって、いろいろな事例を示してくれたのです。私は、集いでは、「みなさんは天使ですよ」という話を必ずするようにしているのですが、この「ユー・アー・エンゼル！」というメッセージには、「子どもたちのなかに眠っているエネルギーを呼び覚《さ》ますパワーがある」と考えるようになりました。

それは、春の太陽が、一斉《いっせい》に花々を咲《さ》かせてしまうようなパワーです。

厳しい冬の間、植物が花を咲かせる準備をしているように、きっと、全国、全世界に、春の太陽の訪《おとず》れを、「ユー・アー・エンゼル！」というメッセージを待っている子どもたちがたくさんいるに違いない。彼らに、このメッセージを届けていこうと、私は決意を深くしました。

ボランティアの人に起きた意識の変化

ボランティアとして関わる人たちにも、さまざまな意識の変化が起きています。

「ユー・アー・エンゼル」を音楽の面からサポートしてくれている階一喜《かいいっき》さんは、音楽活動はもちろん、この運動の趣旨《しゅし》をよく理解されていて、あちらこちらでPRをしてくださる貴重な語り部《かたべ》の一人です。

階さんは、1992年にミリオンヒットしたGAOの「サヨナラ」の作曲者であり、プロの音楽家です。その階さんも、かつてはこのように言っていました。「障害児支援《しえん》って、どうも好きになれない。そういうのをやっている人は、偽善者《ぎぜんしゃ》だっていうイメージがあるから」と。

階さんが「ユー・アー・エンゼル」に触《ふ》れたきっかけは、第1章で紹介した木《き》多啓介《たけいすけ》くんのつづった詩を歌にしようという動きが起こったときのことでした。今から2年ほど前、啓介くんの詩に感動した川村優《かわむらゆう》さんが、「この詩を歌にします！」と宣言して曲づくりを始めました。川村さんは、知的障害のある男の子のお母さんで、宇都宮《うつのみや》で開催された「ユー・アー・エンゼル」の集いで啓介くんの詩を知り、感動のあまり号泣《ごうきゅう》し、曲づくりを決意したのだそうです。そして、川村さんがつくった曲を仕上げるにあたり、その編曲をプロである階さんにお願いしようということになったのです。

私は、階さんに、体の動かない啓介くんが詩をつづった経緯《けいい》を説明し、そのことに感動して作曲した川村さんの思いを伝え、「この歌が完成すれば、(啓介くんのように)体がまったく動かなくても果《は》たせる使命があることをみなさんに示すことができます」と言って、協力をお願いしました。それがきっかけとなり、階さんは、少しずつ「ユー・アー・エンゼル」に携《たずさ》わってくださるようになりました。

その階さんが本格的に「目覚《めざ》めた」のは、2014年の夏合宿です。演奏のために参加した合宿で、階さんは、はじめて安部昴くんに会い、直感的に「この子は確かに〝天使〟だ」と思ったというのです。

「あんな小さい体で、酸素ボンベがなければ生きられないっていうのに、明るいし、おもしろいし……。自分だって大変なのに、人のために何かしようっていう気持ちがあるところがすごい。あのとき来ていた健常《けんじょう》の子たちも、昴くんの車いすのあとを追っかけみたいについてまわっていたけど、気持ちはわかる。昴くんは輝《かがや》いているから、惹《ひ》きつけられるんだよね」

そのとき、昴くんは、自分が折った折り紙をたくさん持って合宿に参加し、出会った人みんなに、おみやげとして渡していたのですが、そうした姿も印象的だったらしく、階さんはそのときに昴くんからもらった黄色いきつねの折り紙を今も大切に持っているそうです。

また、階さんは次のようにも言っていました。

「今回の合宿に参加してわかったのは、彼らも保護者のみなさんも〝突《つ》き抜《ぬ》けている〟ってこと。ちまちましたことで悩んでいない。普通《ふつう》の人のほうが、よっぽど小さいことで悩んでいるよね。彼らは、人間として、私たちのお手本だと思うよ。それを『ユー・アー・エンゼル！』という言葉で言っているんでしょ？　これは、世の中の誰《だれ》も言ってないし、考えてもないこと。これは広げないといけない。まったく新しい障害児支援だ！」

それ以来、階さんは、最も熱心な支援者の一人となりました。コンサートでは曲の合い間によく「ユー・アー・エンゼル」の話をしてくれています。オリジナルテーマソング「ユー・アー・エンゼル！」（作詞／階一喜、作曲／階一喜・川村優）も誕生しました（本書218〜219ページ参照）。その歌い出しは、このような歌詞です。

神様ニコッとほほえんで
今度はちょっとむずかしいよ
約束したパパとママと
この問題を考えるのだ

「ユー・アー・エンゼル！」は、明るく元気な曲調ですが、コンサートでこの歌詞を聴《き》いて泣き出してしまう方もたくさんいます。私も、この曲は、「ユー・アー・

エンゼル」の考え方がわかりやすい歌詞に凝縮《ぎょうしゅく》された名曲であると思っています。

2015年の1月、階さんが秋田市の病院のホスピスに招《まね》かれ、コンサートを行ったところ、その演奏の様子がABS秋田放送で取り上げられました。ほかにもラジオ番組に出演するなど、ヒット曲を持つ音楽家としての強みを生かし、この運動の発展に一役買ってくれています。

「ユー・アー・エンゼル!」のメッセージを全世界へ

ユー・アー・エンゼル!運動のミッションの第六は、「障害児を愛し、いたわり、励《はげ》ますことは、同時代に生きる全員の使命です。彼らとともに生きることで、世界は調和し、健全に発展していきます」というものです。

この文言《もんごん》には、「真の調和から、さらに大きな発展をめざそう」という精神、「愛で世界を一つにしよう」という思いが込められています。

また、「ユー・アー・エンゼル！」のメッセージを全世界に広げ、ボランティア運動として世界規模の活動にしていきたいという、私たちの大きな志《こころざし》を示しています。世界の調和や発展というのは、制度を変えるだけではできません。制度や仕組みをどのようにいじっても、現実が変わるところまでこぎつけるには、やはり人間の力、マンパワーが必要です。そのマンパワーも、給料の範囲内《はんいない》で働くマンパワーでは限界があります。

世界を変えていくのは、最後は、無欲のボランティア精神なのではないでしょうか。

「ユー・アー・エンゼル」の活動は、今はまだ小さなものですが、ボランティア運動としての発展の可能性は無限であると思っています。

ボランティア運動で大切なことは、関わった方々が成長を実感できるということ、そして、その活動に自分の責任を感じることができるということだと考えます。2015年、「ユー・アー・エンゼル」は法人格を取得し、新たなスタートを切りました。

法人化を通して、さらなる社会貢献活動を展開していけたらと思っています。これまで培《つちか》ってきたことを大切にしながら、もっと多くの方々とつながる機会を増やしていきたいと思います。その気持ちは、日本のみならず、世界にも広がっています。

私は信じています。障害児支援の未来は、彼らの魂《たましい》の完全さを証明していく未来であるということを。そして、私たちが活動理念として掲《かか》げている「ユー・アー・エンゼル！運動のミッション」が世界標準化され、この地上から、障害児に対する誤解や偏見《へんけん》、不当な差別が一掃《いっそう》されることを願っています。

「ユー・アー・エンゼル！」（あなたは天使！）というメッセージが、まだ出会っていない全世界の「天使」たちのもとに届き、その心に「幸せの魔法《まほう》」がかかりますように。

「天使」を育てているお母さんやお父さんが、私たちと一緒に「ユー・アー・エンゼル！」という「魔法の杖《つえ》」を振《ふ》ってくださいますように。

そして、心あるボランティアのみなさまが、この運動を理解して結集《けっしゅう》してくださり、その尊い使命を果たされますようにと願っています。

私も「天使」を助けるボランティアの一人として、この人生をまっとうする所存です。

みなさまのご支援・ご協力を、どうかよろしくお願い申し上げます。

あとがき

この本を最後までお読みくださり、ありがとうございました。

木多啓介《きたけいすけ》くんや小川育子《いくこ》さんたちのエピソードからは、障害児を育てるうえでは悩《なや》み苦しみもあるけれども、人生の真実を知り、ものの見方を変えていったときには、幸福な人生が開けてくるということを感じ取られたのではないでしょうか。

今度は、あなたが、自分の心の引き出しにしまってあるはずの「魔法《まほう》の杖《つえ》」を振《ふ》る番です。

私たちの活動に興味《きょうみ》が湧《わ》いた方は、この機会にぜひ巻末の連絡先《れんらくさき》までお問い合わせください。幸福の科学のことをよく知らない方でも大丈夫です。「ユー・アー・エンゼル」には、信者ではない支援者《しえんしゃ》の方、保護者の方もたくさんいらっしゃいます。また、電話やメールでの相談も受け付けていますので、お気軽にお問い合わせください。

最後に、「ユー・アー・エンゼル！」（あなたは天使！）という言葉をくださり、本書を出すきっかけをくださった大川隆法《おおかわりゅうほう》・幸福の科学グループ創始者兼《けん》総裁に、心からの感謝を申し上げます。

また、本書のために体験談を提供してくださったみなさん、國學院大學《こくがくいんだいがく》の柴田《しばた》保之《やすゆき》先生、企画《きかく》・編集・デザイン、出版に携《たずさ》わってくださったすべてのみなさんに感謝申し上げます。

2015年6月18日

一般《いっぱん》社団法人ユー・アー・エンゼル理事長　諏訪裕子《すわひろこ》

〈参考文献〉
大川隆法著『じょうずな個性の伸ばし方』（幸福の科学出版）
大川隆法著『永遠の生命の世界』（同右）
大川隆法著『幸福へのヒント』（同右）
大川隆法著『心と体のほんとうの関係。』（同右）
大川隆法著『奇跡の法』（同右）
大川隆法著『仏陀再誕』（同右）
東田直樹著『自閉症の僕が跳びはねる理由』（エスコアール出版部）
クリスティン・バーネット著『ぼくは数式で宇宙の美しさを伝えたい』（角川書店）

ユー・アー・エンゼル！（あなたは天使）運動のミッション

一　障害児の魂《たましい》は完全です。
彼《かれ》らは外界《がいかい》のあらゆることを感じとっています。

二　彼らは、多くの人びとから優《やさ》しい心、
善なる心を引き出す使命を持った「魂の教師」です。

三　彼らは、争いに疲《つか》れた人びとを癒《いや》す「天使」です。

四　彼らは、他の子どもたちと同じように、
適切な教育によって能力を伸《の》ばしていきます。

五　彼らは、時に天才性を発揮します。それは、勇気と希望、感動を世に与えるために、神様がくださった「ギフト」です。

六　障害児を愛し、いたわり、励《はげ》ますことは、同時代に生きる全員の使命です。彼らとともに生きることで、世界は調和し、健全に発展していきます。

七　「ユー・アー・エンゼル！」（あなたは天使！）というメッセージは、障害児に備《そな》わっている「幸福の種《たね》」を引き出し、花開かせる、「魔法《まほう》の言葉」です。私たちはこのメッセージを、全世界に届けたいと考えています。

⑦会員募集、寄付の受付

この運動は、みなさまからの善意ある支援金によって支えられています。支援金は、障害児支援の目的で、大切に使わせていただきます。また、会員の募集を行っています（入会手続きについてはお問い合わせください）。

正会員　　入会金５千円、年会費５千円
賛助会員　入会金３千円、年会費２千円

〈お振込み先〉
三菱東京 UFJ 銀行　東京営業部　普通　0879991
口座名義　一般社団法人ユー・アー・エンゼル

お問い合わせ、ご相談はこちらまでご連絡ください。
ＴＥＬ．０３－６４２６－７７９７
ＦＡＸ．０３－５７５０－０７３４
メール　you.are.angel.japan@gmail.com
住　所　東京都品川区平塚２－３－８

「ユー・アー・エンゼル」のおもな活動（2015年6月時点）

①集いの開催

全国各地で集いを開催しています。メール登録をされた方に、集いの情報をお知らせしています。また、集いでのボランティアも随時募集しています。

〈おもな開催地〉

札幌・秋田・仙台・宇都宮・東京・横浜・名古屋・大津・京都・大阪・岡山・山口・高松・福岡・熊本・沖縄

②個別支援

支援級に通うお子さんをおもな対象として、個別支援を行っています。詳しくはお問い合わせください。

③支援者向け学習会

ボランティアリーダーのための学習会を行っています（不定期）。

④各種イベントの開催

・コンサート活動（随時）
・ユー・アー・エンゼル！展（年１回）
・全国夏合宿（年１回）
・「集まれ、エジソンの卵たち」（年３～４回）

⑤講演、セミナー

障害児を育てる親、障害児支援に関心がある方を対象としたセミナーを行っています。

⑥子育て相談

電話相談、メール相談など、ご相談を随時受け付けています。
面談も無料です。

A D A D A D
ラン ラン ラ ラ ラ ラ ラン ラン ラ ラ ラ ラ ラン ラン ラ ラ ラ ラ ユーアー
G D A D
エン ゼ゛ル ユーアー エン ゼ゛ル ラン ラン ラ ラ ラ ラ
A D A D G
ラン ラン ラ ラ ラ ラ ラン ラン ラ ラ ラ ラ ユーアー エン ゼ゛ル ユーアー
D To G D G 1.D
エン ゼ゛ル Thank you for your help, you' re an an- gel.
2. D G A D D G A
gel.
D G A D D G
かみさまスラッ と 立ちあがり よくやったね と
A D A7
わらって る
D.S.
Coda
G D G D
Thank you for your help, you' re an an- gel.

ユー・アー・エンゼル！

作詞　階一喜
作曲　階一喜　川村優

イラスト　シミズヒロ
ブックデザイン　水谷恵美
編集協力　村上真

障害児《しょうがいじ》をはぐくむ魔法《まほう》の言葉《ことば》

ユー・アー・エンゼル！

2015年8月7日 初版第1刷

著　者　諏訪　裕子

発行者　本地川　瑞祥
発行所　幸福の科学出版株式会社
〒107-0052　東京都港区赤坂2丁目10番14号
TEL（03）5573-7700
http://www.irhpress.co.jp/

印刷・製本　株式会社 堀内印刷所

ISBN978-4-86395-695-7　C0095

大川隆法ベストセラーズ・理想の教育・子育て

教育の法

信仰と実学の間で

深刻ないじめ問題の実態とその解決法、尊敬される教師の条件、親が信頼できる学校のあり方など、日本の学校教育を再生させる方法が示される。

1,800円

1,800円

教育の使命

世界をリードする人材の輩出を

宗教教育はなぜ大切なのか。分かりやすい切り口で、幸福の科学の教育思想がまとめられた一冊。未来を担う人材を育てるために必要な教育の理想が語られる。

じょうずな個性の伸ばし方

お母さんの子育てバイブル

霊的に見た正しい胎教のあり方から、幼児教育の方法や反抗期の乗り越え方、子供の障害や病気に対する考え方など、子育てに奮闘するお母さんへのアドバイスが満載。

1,400円

※表示価格は本体価格(税別)です。

大川隆法ベストセラーズ・努力の意味が分かる

子どもにとって大切なこと
強くたくましく生きるために

強く、優しく、賢い人になるための子供向けに説かれた成功論。カラーイラスト付きで、勉強の大切さや心の持ち方などが楽しく学べる一冊。

1,400円

1,400円

真のエリートを目指して
努力に勝る天才なし

幸福の科学学園で説かれた法話を収録。「学力を伸ばすコツ」「勉強と運動を両立させる秘訣」など、未来を開くための心構えや勉強法が分かる。

青春の原点
されど、自助努力に生きよ

将来、大をなすために青春時代に身につけるべきことや、自分も相手も幸福になるよい恋愛をするための秘訣などが語られる。現代の「セルフ・ヘルプ論」。

1,400円

幸福の科学出版

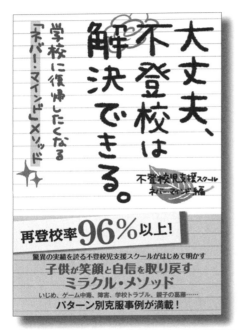